CONTEMPORARY JEWELRY《コンテンポラリー ジュエリー》

世界のジュエリーアーティスト

《上巻》

水野孝彦 著

DEDICATION

This book is dedicated to my wife, Chisaka with deepest love and gratitude.

*My wife's jewelry is in the bag made by Ted Noten.
Jewelry is always full of memories.*

ACKNOWLEDGMENT

My appreciation goes to Mr. Suganuma, director and Ms. Miura, my assistant for their many contributions.

Author	Takahiko Mizuno
Publisher	Kentaro Oshita
Editing and Design	Kan Suganuma+Tomono
Printing	Fuji FineArt Printing Co., Ltd.
Binding	SUZUKI SEIHON, LTD.
Published by	Bijutsu Shuppan-Sha, Ltd. Inaokakudan Building 2-38 Kanda Jinbo-cho Chiyoda-ku, Tokyo 101-8417 Japan

Printed in Japan

CONTEMPORARY
コンテンポラリー ジュエリー
JEWELRY

世界のジュエリーアーティスト

《上巻》

水野孝彦 著
Takahiko Mizuno

BSS
美術出版社

はじめに

この本は、「私がこの世に残さなくてはならない」という使命感にも近い願いが実現したものです。

ジュエリーという言葉から一般に連想されるのは、宝石店に並んでいる商品としてのジュエリーですが、一方で、このジュエリーの世界を人間にもっとも深く密接したアートとしてとらえ、自身の人生観や、物の見方、自己表現の手段と考えているアーティストの人々がいます。

このジュエリーの世界は、絵画や彫刻、工芸と比べると、その表現場面が人間の身体という点にあります。

この地球上に存在している人間１人ひとりは、必ず個性ある身体を持っていますし、そこにはもちろん、その人の精神も内在しています。地球上を自由に往き来するこの身体という乗物に乗せて、作家は、あるいは身につけている人は、自分の精神世界を、何気なく、あるいは意図的に表現できるのです。ある時には作品が、特定個人に深く関わっているのもジュエリーの特質です。

この本では、世界で活躍している、これらジュエリー作家を紹介しています。

私がこの世界に踏み込んでから約30年が経ちました。その間、色々な方々に、この話をすると、一様に「面白いね」とうなずいてくれました。それをこの本で紹介したかったのです。同時に私が、今書き残しておかなければならない立場にいることも、自覚してきました。

みなさんも、この本を読み進められて、ジュエリーの世界の面白さ、奥深さに引き込まれていくことを願っています。

2007年４月
水野孝彦

CONTEMPORARY JEWELRY《コンテンポラリー ジュエリー》

世界のジュエリーアーティスト

《上巻》

オットー・クンツリ

伊藤一廣

ワーウィック・フリーマン

テレーゼ・ヒルバート

ドロテア・プリュール

フィリップ・サイエ

平松保城

【ドイツの作家】

オットー・クンツリ

Otto Künzli

I 学生時代からラバーバンドまで

まず、オットーの若い時の話から始めよう。

作家によっては、作品を年代順に見ていった方がよい人と、それにあまりこだわらなくてもよい人もいるが、オットーはやはり彼の作品発展に併せて見ていく人だ。

この本は物づくりの道に進みたい若い人も読んでくれると思うが、すでに著名となった人がどう成長したり、どうきっかけを掴んだりしたのかは、とても知りたいところだろう。

そんなわけで、オットーの18歳の時から始めよう。このオットーの学生時代の話は少々ややこしいのだが、彼を知るうえで、大事な点なのでゆっくり読んで欲しい。さて、彼は1965年、スイス、チューリッヒにある造形高等学校に入学する。この学校には、《下巻》で紹介する作家、ベルンハルト・ショービンガーも在籍していて、2人は顔見知りの仲だ。もちろん有名な学校だが、オットーの2人の兄もこの学校に在籍していた。

オットーはこの時期、自分がどの道を進むかは、はっきり決めていなかったが、アクシデントが起こった。ジュエリーのプロを目指していた長兄が、ある日交通事故で亡くなってしまったのだ。その時、長兄のペーターはフリーの作家として自立すべく、新しいアトリエをつくっていて、オットーもそれを手伝っていたのだった。

そのアクシデントがあって3か月後、オットーは学校でメタル・コースを専攻することに決める。それ以来、彼はお兄さんの工具を使い続けているのだ。

当時、学校はバウハウスやマックス・ビルの影響が残っていて、彼も当然その影響を受けていたのだが、ジュエリーの世界では、ヘルマン・ユンガーとオトマール・ツシャラーの2人の影響を受けるようになってきたのである。その時のツシャラーの影響を受けてつくったのが、**I-1**、**2**だ。**I-1**は、オットーのお母さんが永年愛用していたものだ。他の美術の分野と比べて、ジュエリーの嬉しい特徴は、それが人と深く結びついている点だ。ある時には、たった1人のためにつくられるアートともいえる。この場合は、お母さんが身につけている間に、その人に特定されたジュエリーとなった。

中でもヘルマン・ユンガーはミュンヘンのAkademie der Bildenden Künste(造形美術大学)のメタル・コースの主任教授で、ドイツの、そしてヨーロッパのジュエリーアートを引っ張ってきた1人だ。ユンガー

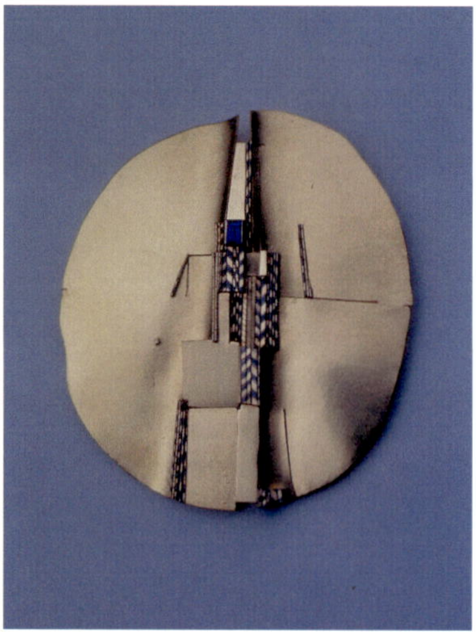

I-1 オトマール・ツシャラーの影響を受けてつくった学生時代の作品。当時はこのような雰囲気が花形だった。

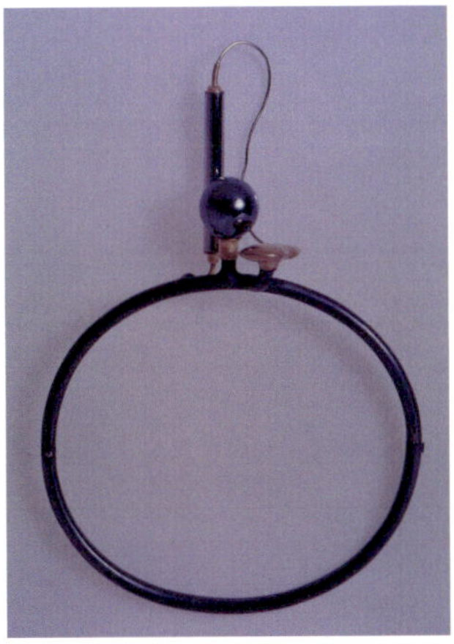

I-2　チューリッヒの学校でつくった作品。美術の世界ではバウハウスの影響も残り、工学的なオブジェの感じもある、ブレスレット。

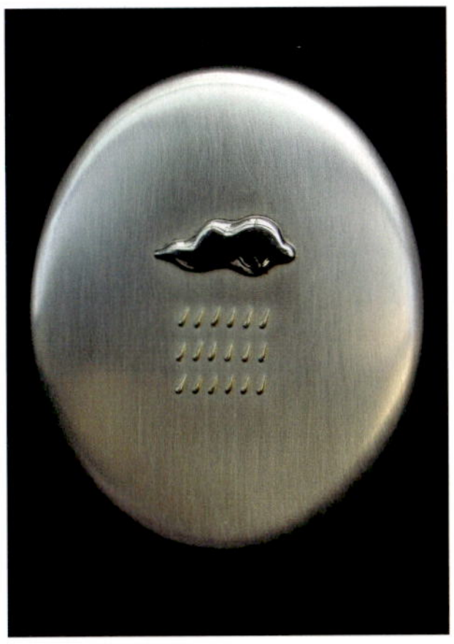

I-3　オーバルの形をキャンバスと見立てて、雲と雨を表現している。オットーの回顧展には、必ず出品されるべき作品だ。

I-4　I-3のアップ。雲は打ち出し、後から本体にかしめて留めている。オットー26歳の時の作品。

と並んで、アムステルダムのリートフェルト・アカデミーにオンノ・ブックハウト教授がいて、一言でいえば、この２人がヨーロッパのジュエリー作家を育ててきたと言ってよい。

そんなわけで、ミュンヘンのヘルマンのもとに1972年、移ることになる。チューリッヒの学校で同級生だったテレーゼ・ヒルバート（もちろん、後で彼女の作品をとりあげる）との結婚も1972年だが、彼女もユンガーの学生となる。器用なオットーは、この後、ヘルマンのアトリエの手伝いもするようになる。

当時、彼は具象的な作品もつくっていた。それが**I-3**「雲(Cloud)」だが、彼にもこんな時期があったのだと思わせる作品だ。**I-4**の雨滴の１つの長さは1.5mm位だが、この輪郭と同じ形をした金の棒をつくり、１つひとつヤスリで仕上げては、糸ノコで切り離し、背面に芯立てをして、楕円にロウ付けしていったのだ。彼は「もうやりたくない仕事だ」と、筆者に冗談を言っていた。

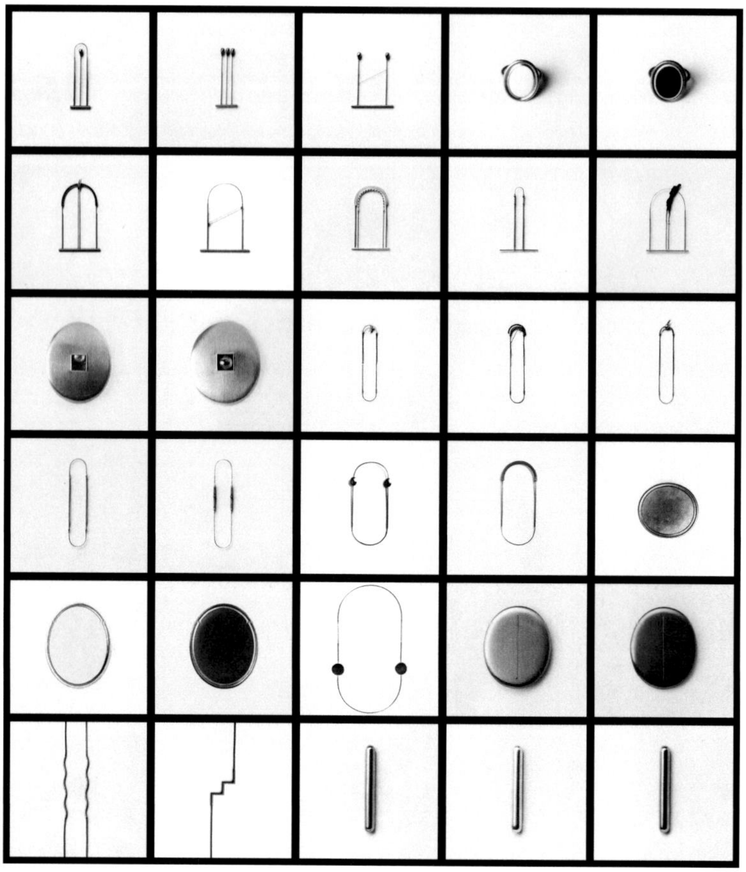

I-5　これは、1979年に行なわれた彼の展示会のカタログに載っている、1974〜'76年の作品だ。

Ⅰ-1 想像の風景
［Artificial Landscape］

ここから本格的な彼の作品づくりが始まる。彼はこの時代の作品をArtificial Landscapeの時代と言っている。自然の風景ではなく、頭の中の想像上の風景という意味だろう。

その時の作品が、**Ⅰ-5**の一連の作品だ。中でも上2段位が、「想像の風景」の雰囲気を感じさせる。

彼はこれらを、1974～'76年にかけてつくっている。例えば、扉を思わせる作品達だ。リング に見えるもの以外はブローチで、素材は鉄、金、銀、銅、ホワイト・ゴールドとなっている。**Ⅰ-5**の3、4、5段目までは、1975年度につくられている。

後述する'76年には、彼の記念すべき「フォト・ボックス」があるが、その後の作品が、この最下段なのだ。

Ⅰ-5の拡大図が**Ⅰ-5A**だが、1つひとつの、いかにも若い時のシャープさを見て欲しい。

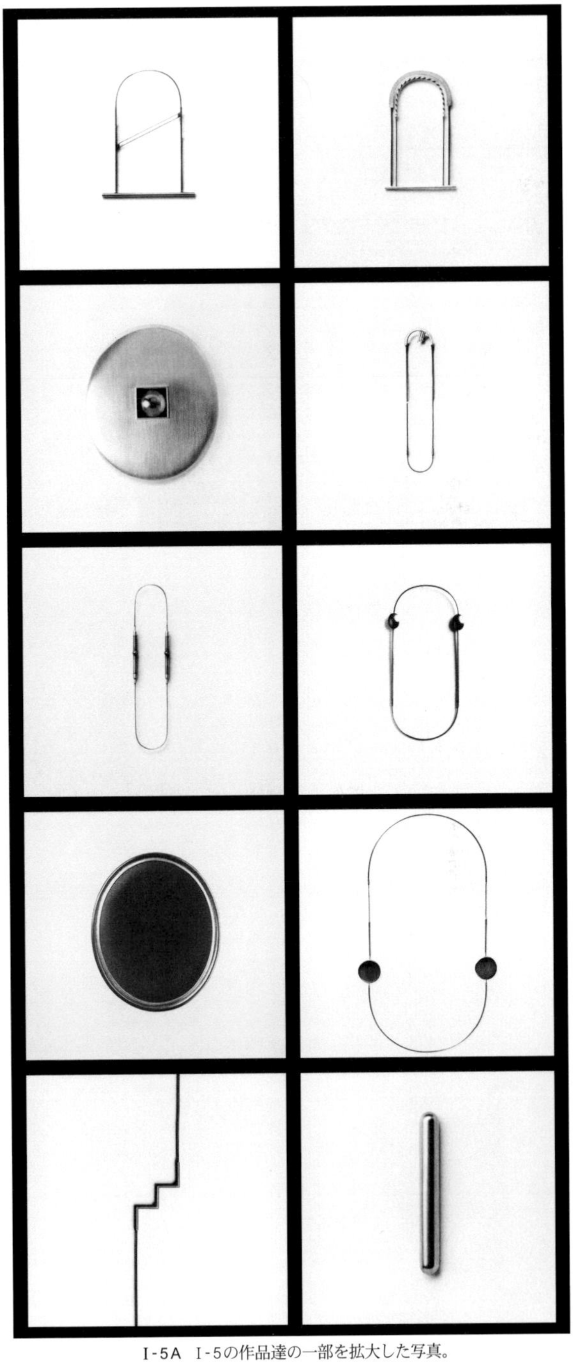

Ⅰ-5A　Ⅰ-5の作品達の一部を拡大した写真。

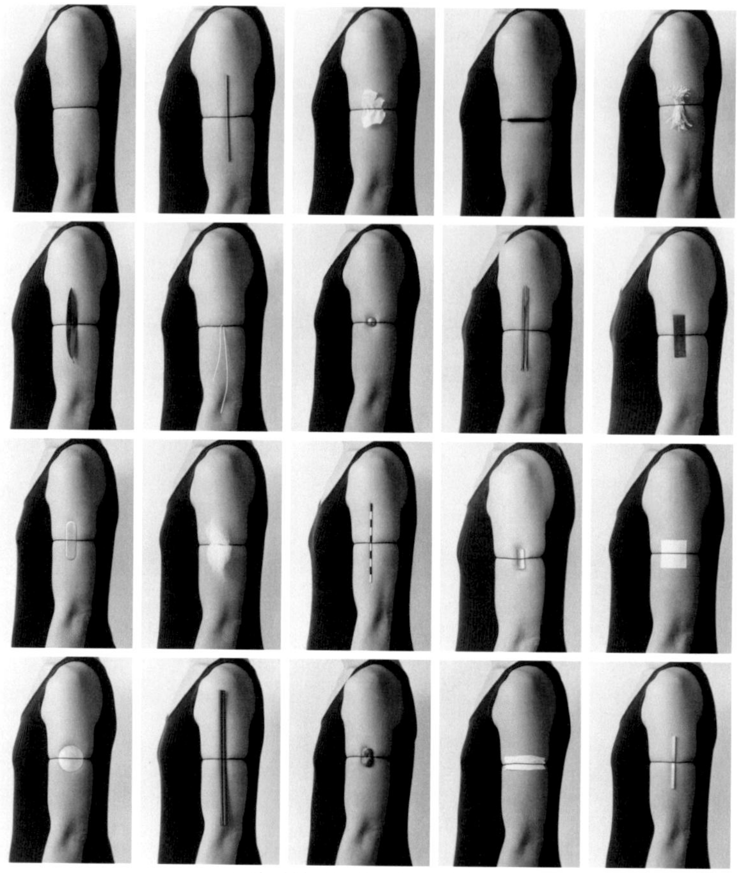

I-6　彼の将来の力を暗示する「地平のアームレット」の作品。写真としてもなかなか美しいし、この後のジュエリーと身体との関係を追求していく前ぶれだ。

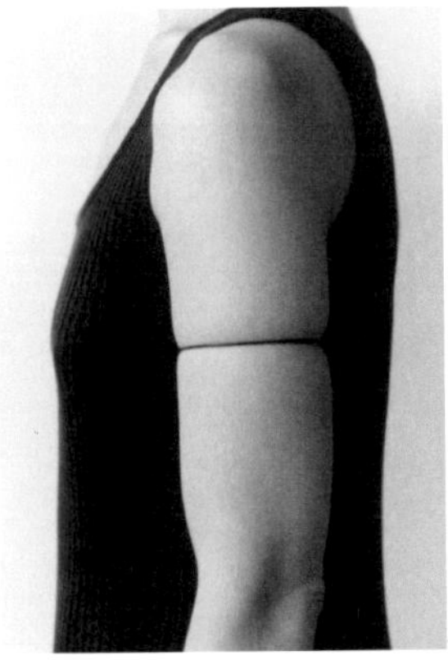

I-6A　腕に巻いているのは、黒ビニールの電線。

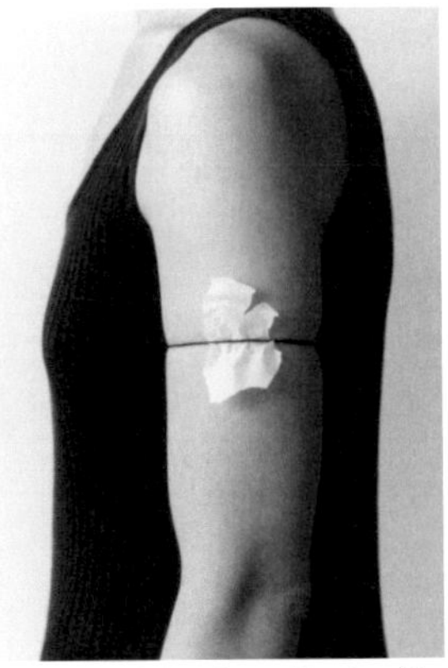

I-6B　はさんであるのは、白い紙。

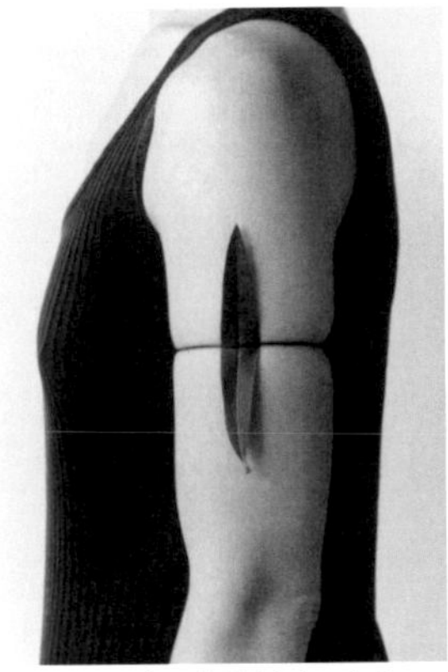

I-6C　木の葉がはさんである。

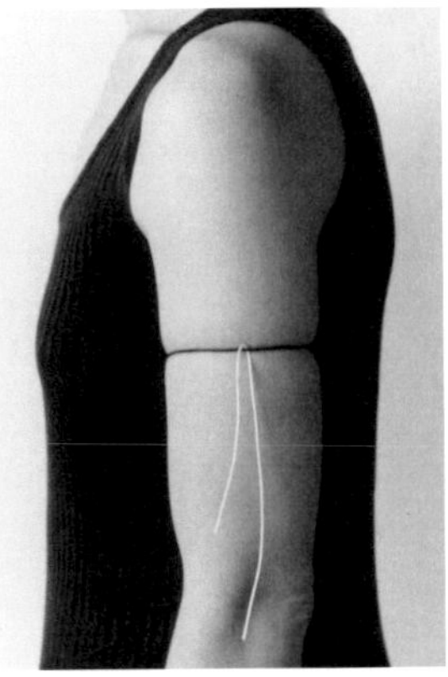

I-6D　綿の紐。

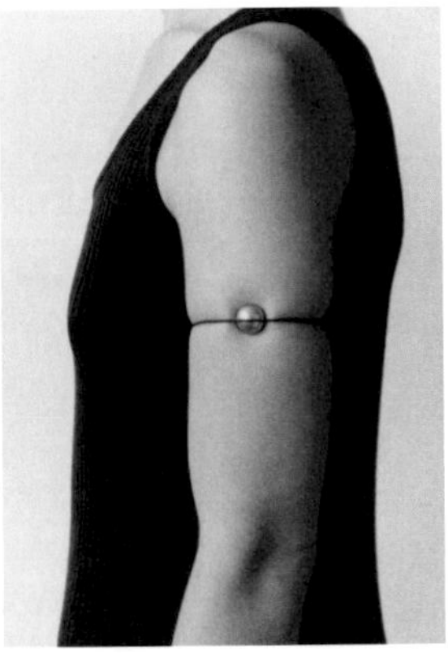

I-6E　金属ボール。

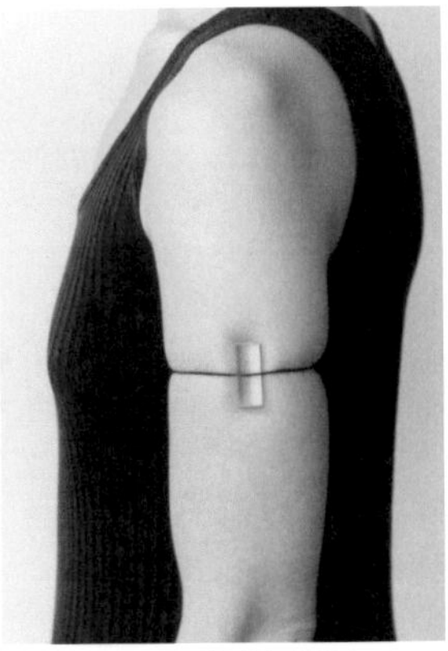

I-6F　アクリルガラス。

I-2 地平のアームレット
[Horizontal Armlet]

I-6は、いかにも若々しい作品だ。アームレットで腕に水平に巻いた輪は、地平を表わしているのだ。

この作品は**I-6A**が、黒い電線カバー、**B**が紙、**C**が木の葉、**D**が綿の紐《ひも》、**E**が金属ボール、**F**はアクリルガラスをワイヤーで腕に留めた作品だ。将来の大器を思わせる作品。

I-3 フォト・スタンド
[Photo Stand]

やがて1976年、現在のオットーの作品の原点ともいえる作品が現われる。これは、彼も次の言葉で述べている。「real feeling」「major step」と。真の感覚、主たるステップ、とでもいえるだろうか。この時を奥さんのテレーゼも、確かにターニング・ポイントだったと語っている。

彼はこの年の夏、ミュンヘン駅の

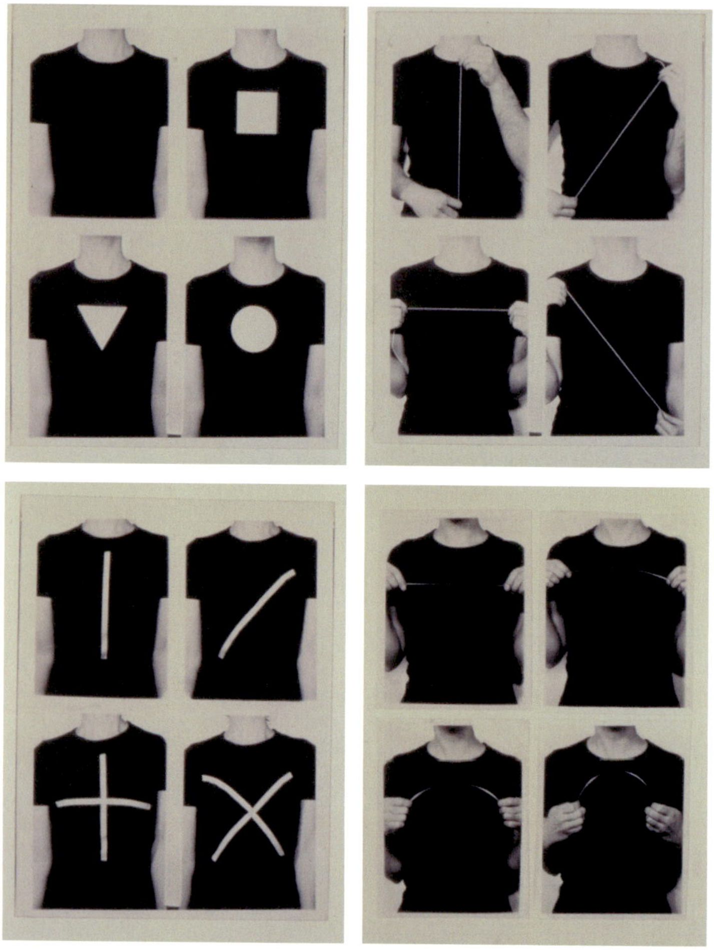

I-7　オットー独自の作品展開をしていくきっかけとなった作品。ミュンヘン駅のフォト・スタンドで、紙片や紐、テープを持ち込み、それを身につけて撮った写真。

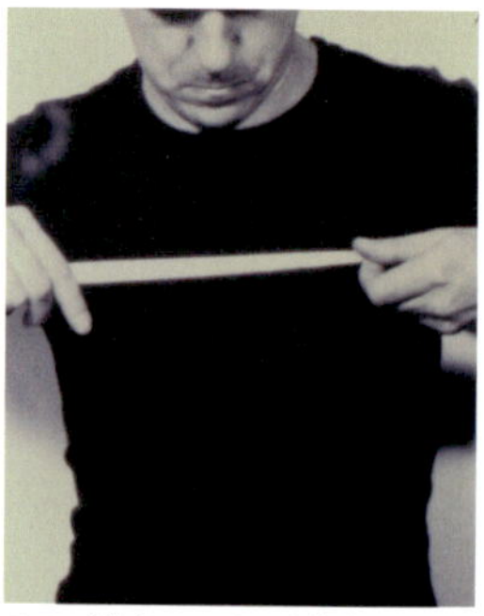

I-8　速くシャッターが切れるので、慌てている。この失敗が後で役立つ。

無人フォト・スタンド(証明写真用のスタンド)で、紐や、粘着テープや、丸い紙片や、色々なゴミとでもいえるものを持ち込み、それらを身体につけて、インスタント写真を撮ったのだ。

I-7の集合写真がそれらだ。シャッターは自動的に切れるので、身体につけるものを替える時間がなかったのだが(**I-8**)、その失敗写真と思われる中に、数多くの貴重なアイディアが含まれていたのだ。

しかし、オットーほどの作家でも、この失敗が、作品の中で生かされてくるのに、3～4年かかっている。

I-4 円錐や円柱のブローチ ［Screw Corn Brooch］

この体験をもとに、その造形的な要素でつくったのが**I-9**の作品群だ。ここには、棒や、輪や、三角や、球や、立方体や、円錐形がブローチとなっている。

この写真の上から3段目、左端が

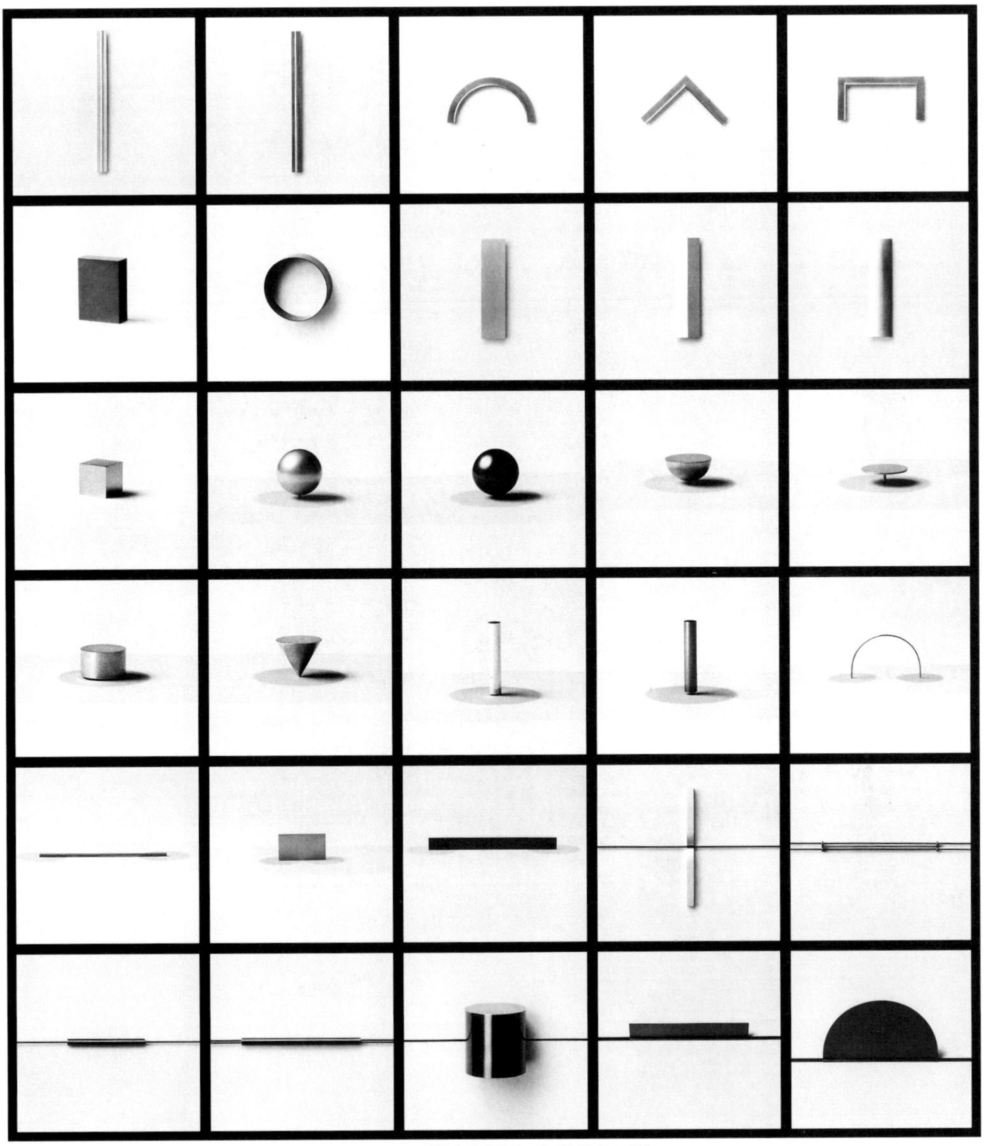

I-9　I-7の時を参考にして、数多くつくられたブローチ。作品カタログの1頁を埋めるきれいな構成。

I-10　I-9の左端3段目の作品。当時はミニマリズムが美術の主流だった。

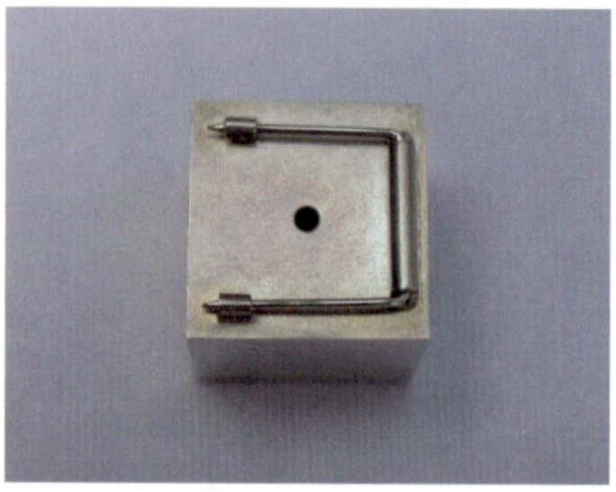

I-11　I-10の背面。このように金具がついている。

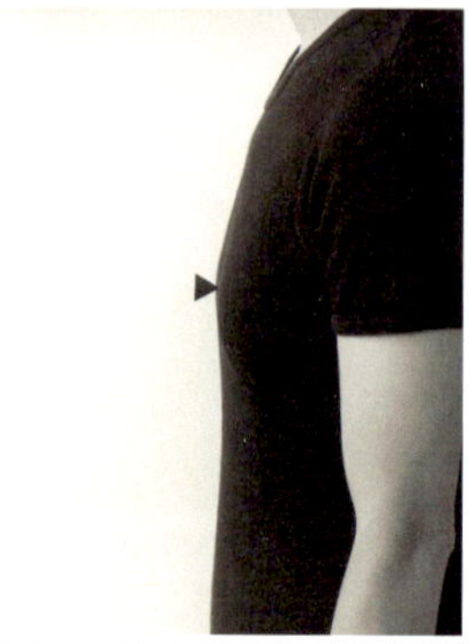

I-12 いきなりこの写真を見たら、どのようにして円錐が垂直に立っているのか、不思議だろう。

I-13　I-12の原理の写真がこれだ。下の円盤にネジが立ち、円錐の中にその受けのネジが切ってある。

I-14　この円柱の中にもスクリューが立っている。

I-10で、**I-11**は、その背面のブローチ金具だ。当時これを奥さんのテレーゼが肩の上につけていた様子は、本当にミニマリズムの極みだった。

さて、このI-9の写真中に見られる球や円錐は、装着方法を次のように考えている。それが**I-12**、**13**だ。スクリューによって服に垂直につけられるように考え、一見どうやってつけているのか分からないようにした。**I-14**も同じ原理で、**I-9**の左端4段目の作品だ。

I-5 フェルトペン・ブローチ [Feltpen Brooch]

また、この時オットーは、フェルトペンの胴体の筒からブローチをつくっている。長さは105mm程だ。それが**I-15**(Feltpen Brooch)で、**I-16**の写真のようにビニール袋に入れて売られている。これは一見すると、ムクのプラスチック色棒を切っただけのように見える。私も何回も見ているが、いつもムクの黄色い棒のように見える。しかし実は、中に

I-15 フェルトペンの筒を使ったブローチ。本当に精巧に出来ていて、中が空洞とは思えない。全長105mm。

I-16 このようにビニール袋に入れられて、I-15の作品は売られている。ゴム印が逆判になっていることを見て欲しい。

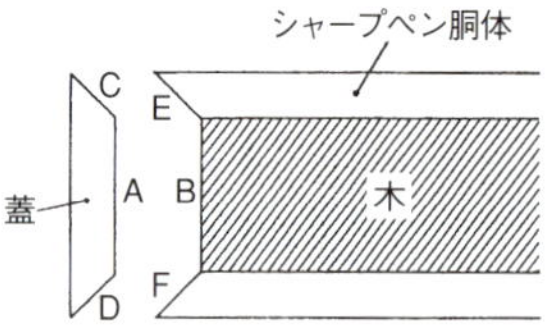

A、B面のみ接着剤をつける。C、D、E、F面は何もつけない。AB面はぴったり合っていることが必要なので、木は厳密な寸法でなくてはならない。

I-17 このイラストの仕事が、寸分の狂いもない。

木の芯が入っていて、蓋《ふた》がしてあるのだ。

ムクのように見えるためには、I-17の側面をぴったりとつけなければならないが、そこは器用なオットーで、ぴったりと蓋がされ、全く仕事の乱れを感じさせない。ふつうなら両サイドは、平らな円盤状に切り抜いた同色の板を貼るのだが、それでは接着面が見えてしまう。

I-6 ラバーバンド ［Rubber Band］

彼は一時、ラバーバンドマンと言われるように、ゴムバンドを使った作品が多かったが、それもみな「フォト・スタンド」の体験が大きいのだ。彼はゴムバンドに限らず、色々な作品を身につけ、インスタント写真を撮っている。それが彼の作品をbody-related（身体に関連したという意）にしている大きな理由でもあり、新しい発見もこのフォト・スタンドの中で得られている。この実験はとて

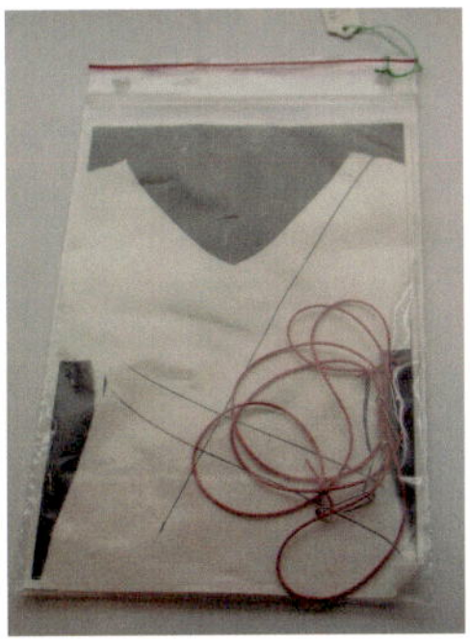

I-19 このようなビニール袋に入れて、売られている。

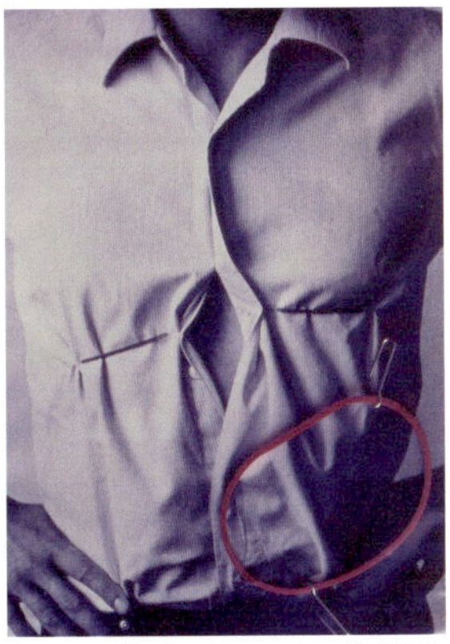

I-18A ゴム紐と、フックで構成されている作品。このようなつけ方はとても楽しい。

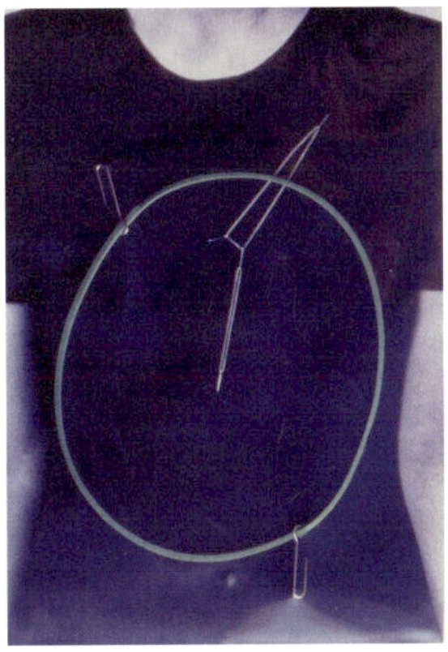

I-18B

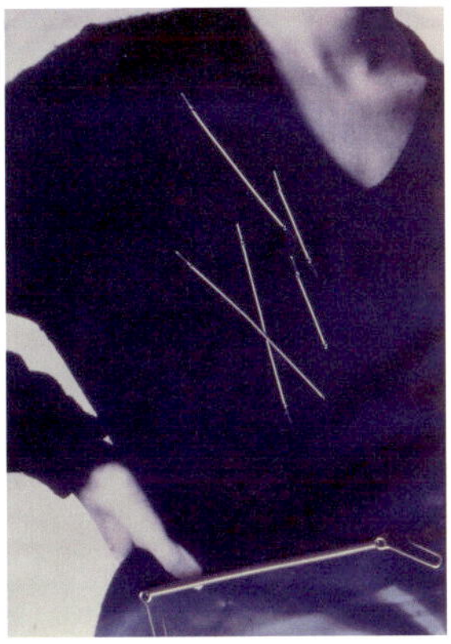

I-18C

I-18D

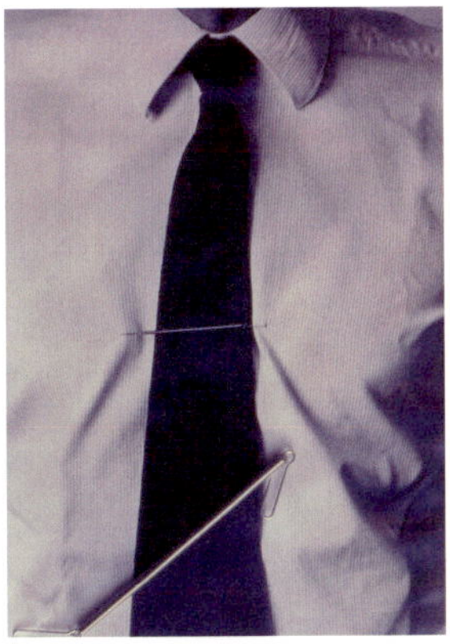

I-18E

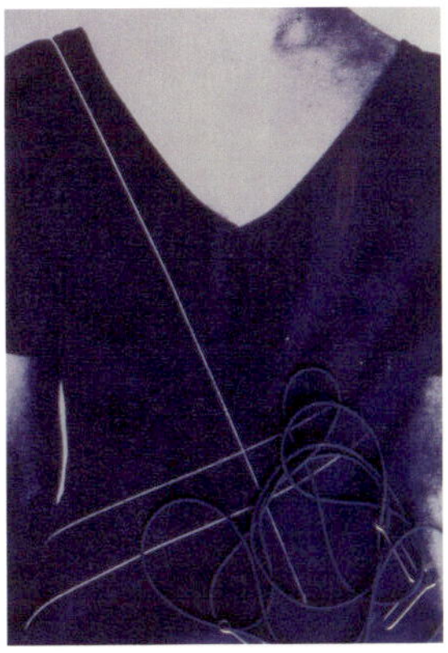

I-18F

も貴重なものだった、と彼は今でも言っている。

さて、このゴムバンドの話に戻ると、1980年と'81年(最初に『フォト・スタンド』に入ってから4年後)に、「プラステとエラステ」(Plaste and Elaste)という作品を発表している。この名は当時の東ドイツの有名なプラスチック会社の名だ。それが**I-18**の集合写真だ。1つひとつがよい写真なので、つぶさに見て欲しい。その作品は**I-19**のように、ビニール袋に入っている。簡単にいえば、輪ゴムの両端にフックをつけて、服に留めるジュエリーだ。

原理は簡単に見えるが、この作品の反響はすごかった。オットーよりも若い人々、特に若いアーティスト達に今の時代精神を表わしていると、大きく受け入れられた。ここでオットーは、「自分は今まで、社会的に認められている偉い人のためにジュエリーをつくっていたのだ」とも思ったという。ジュエリーそのものは簡単なものだが、これほどの反響があるとは、オットーも思っていなかったらしい。

Ⅱ-1　丸いところに金のボールが閉じ込められた、ゴムチューブのブレスレット。タイトルは「金はあなたを盲目にする」。

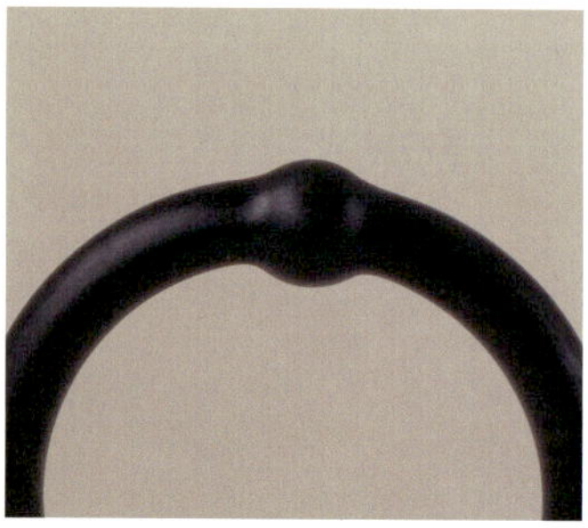

Ⅱ-2　このゴムチューブもやがて破れて、金が露出してくる。

Ⅱ 黄金のブレスレット
[Gold makes you blind]

Ⅱ-1のブレスレットは、ゴムチューブで出来ている。これはオットーが金の価値を考え直した時につくったものだ。

その時、彼はこんなことを思った。

金は地中から発見され、古代から光と太陽というシンボルとなった。それは金がさびず、いつもあの黄金色を保っていられるからだ。

しかも現在に至るまで、そんなに大量に発掘されたわけでない(今までに人類が掘った金は、1辺20m弱の立方体のビルで考えると7階建てのビルくらいしかない。しかもその95%は19世紀後半からのものだ。いかに金が貴重なものかが分かる)。

しかし、この美しさと希少性のゆえに金はいつも権威や地位や富の象徴となり、人間の欲望の対象となってしまった。金が原因での争いといえば、スペイン人によるアステカの略奪をすぐ思い浮かぶが、そうでなくとも、あらゆる戦いや悲惨な事件に金が関連している。それがタイトルの「金はあなたを盲目にする」という意味だ。

日本語のお金という言葉は、金という字そのものからきている。英語では、moneyとgoldとでは全く違う言葉なのだが、日本語は強烈だ。

そういうわけで、これまでに存在した金は全く捨てられていない。人類の歴史始まって以来の金は、すべて現在私達の世界に残っている。

原始時代に偶然発見された金が、あなたの指輪の中に入っているかも知れないし、ナチスの犠牲となったユダヤの人々の金歯の金も入っているかも知れない。

そこまで考えてくると、金は精神的な意味においては、その外観ほどすばらしいものではないかも知れないし、人類の醜さが最も込められているものともいえる。

そこでオットーはこの金を再び地中、つまり暗黒の中に閉じ込めてしまおうと考えた。それがこのブレスレットなのだ。ふくらんでいる中央には、金のボールが入っている(**Ⅱ-2**)。なるほどと分かりやすいのだが、この作品には後日談がある。

そうやって金を閉じ込めてしまったこのブレスレットを身につけていると、いつかゴムの膜が破られて金が顔を出してしまう。人類は結局それほどまでに金を捨てることは出来ないという証拠かも知れない。オットーはこのブレスレットを、小さな象を飲み込んだヘビみたい、とも言っている。

しかしこれ以後、彼はしばらくの間、金を作品に使うことはなかった。次の機会は、《下巻》に紹介する作品の「Chain」だ。彼は金を使わなくなった理由を、この時の個人的な体験と言っているが、その具体的なことはいまだに語っていない。しかし強い体験だったらしく、それを自分にきちんと言い聞かせるためにも、この作品をつくった、とも言っている。

オットーはこの作品について、4年後、カナダでセミナーを行なっている。その主催者はSNAG(Society of North American Goldsmith)で、カナダのトロントで金工作家達に対して行なわれた。その時のスライドの1枚がすごい。この作品のコンセプト、つまり金をオットーは再び暗黒に閉じ込めたかったと話し、実際にそれをこれからやってみましょう、と言ったのだ。それは、スライド・フレームに金箔を貼りつけた行為だ。すると当然、そのスライドが映写されれば、何も映らなくなり、会場は暗黒となる。いかにも彼らしいスライド・レクチュアだ。

Ⅲ 売約済ピン
[Red Dot]

オットーはスイス、バーゼルのあるギャラリーから展示会をやってくれるように頼まれた。

その時オーナーはこう言った。「こ

Ⅲ-1　本文で述べたように、「売約済の赤いピン」をお客様につけさせてしまおうというアイディアはすごい。

Ⅲ-2　大ヒットし、赤のみでなく各色つくり、数万個が売れた。

Ⅲ-3　ついには美術館にも大きな赤ピンをつけ、売約済としてしまったのだ。直径225mm。

Ⅲ-4　このカタログの作品解説を読んでも、オットーの作品を理解することは難しい。

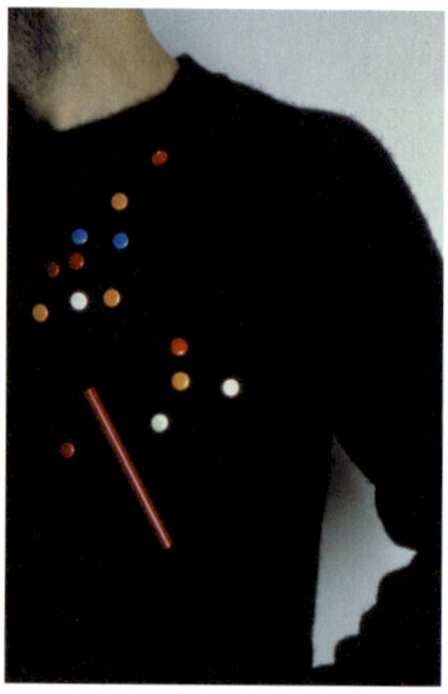

Ⅲ-5　オランダのギャラリー「ラ」のオーナー、ポールが、ピンとラバーバンドの作品の両方を身につけている。

こは正統な芸術のギャラリーで、ジュエリー・ギャラリーではない。そういった意向を反映した展示会をやってもらいたい」。

そこでオットーは何回か断った後、こういう提案を持ちかけた。「それなら、入口で見に来たお客様の胸に売約済の赤ピンをつけてしまおう」。いかにもオットーらしい提案だ。

なぜなら赤いピンは、ギャラリーで作品の売約済を示す印だからだ。作家はその赤いピンに一喜一憂し、見に来た客もまた、この赤いピンがいくつあるかをそれとなく気にする。いずれにしろ、赤ピンを決めるのはお客様で、作家に対してはかなりの圧力を発揮する。それは作家にとっては面白くない。ギャラリー内には何も展示せず、赤いピンをつけたお客様をそこに招き入れ、美術作品であるあなた方はすでに売約済となりました、と表わしてみたいと言った。この案はギャラリー・オーナーに否定され、実現されなかったが、この赤いピンはその後、**Ⅲ-1**のように制作され、今日では各色のピンが数万と売られている(Ⅲ-2)。

それのみか、オットーはその後、大きな赤いピンをつくり、それをグラスゴーのケルビングローブ美術館の入口につけ(Ⅲ-3)、ミュンヘンや、オスロ、あるいはリスボンの美術館の建物につけてしまった。しかもそのいくつかは作品として永久につけたままになっている。

この作品はとても分かりやすく、みなもすぐうなずいてしまう。それゆえか、ステデリック・ミュージアム(アムステルダムの国立現代美術館、その先進的な取り組みで有名。ジュエリー展示にも熱心)のオットーの個展カタログで最初にとりあげられており、Ⅲ-4のように表紙ともなっている。

Ⅲ-5は、ヨーロッパのコンテンポラリージュエリー・ギャラリーとして歴史もあり、先進的な展示を行なっている、オーナーのポール・デレが自分の身体につけた写真だ。

Ⅳ-1　壁紙でつくったブローチ。壁紙の商品名は「アッサム」。1982〜'85年にかけて、これらのブローチは制作された。

Ⅳ 壁紙ブローチ
［Wallpaper Brooch］

Ⅳ-1からⅣ-4までを見て欲しい。これはブローチなのだ。しかもかなり大きい。Ⅳ-1は、長径は200mmもある。ほかのものも100mmはある。もちろん軽い。紙が主体の材料だからだ。表面を覆っているのはウォールペーパー、つまり壁紙だ。オットーはこれを400個、3年間でつくってしまった。

オットーは言う。

「空白は恐怖だという観念から壁紙はつくられたのだ。あらゆる内在する形を、この壁紙で覆ってしまうことが出来る」と。

筆者もいくつかのこのブローチを見たが、部屋に置くとインテリアとしても実に美しく、初めて見た時は、ブローチと知らないと、一瞬なんだろうと目が釘づけになってしまう。

しかし、何人かの批評家が本当に身につけられるのか疑ったので、彼は壁紙美術館でこの展示会を行なっ

Ⅳ-2 「ハリウッド」と名づけられた壁紙。

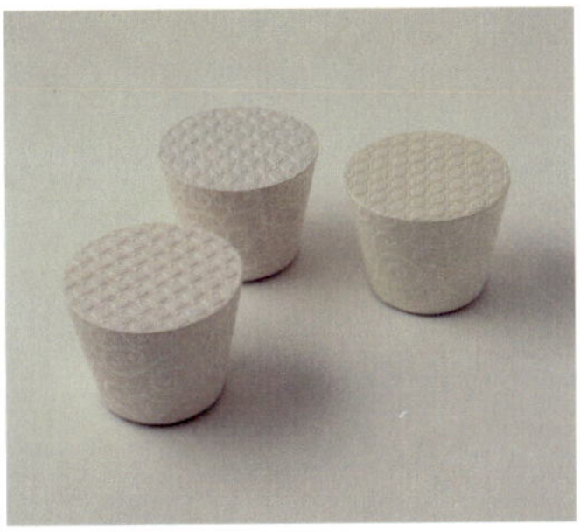

Ⅳ-3　これらブローチを合計400個以上もつくった。中の素材は発泡プラスチックで、軽い。

Ⅳ-4　高さ175mmある。小さなオブジェとしても十分に美しい。

Ⅳ-5　写真で見る通り、レンガの壁紙だ。

Ⅳ-6　服とのバランスが美しい。

Ⅳ-7　すべてオットーの友人達。批評家が「本当に身につけられるのか」と言ったのが、この写真を撮るきっかけとなった。

Ⅳ-8

Ⅳ-9　本文にある通り、彼のひらめきを直接体験できた現場だ。

た時、友人達を呼んで、好きなブローチを選んで身につけてもらい、ポーズをとってもらった写真を撮ったのだ。

それが**Ⅳ-5**から**Ⅳ-8**までだ。

実にすばらしい人物写真になっているし、何となく、その人が身につけているブローチを選んだ好みも分かるような気がする。彼はこの時期、自分の作品の方向を、かなりはっきり見定めたようだ。それを抽象的な言葉でいえば、「物事を別の方向から見る。あるいは反対側から見る」と言っている。別の表現では、自分の作品を従来のジュエリーの表現の三要素、「イメージ、色、装飾」から全く離れてしまうことだとも言っている。この言葉は重い。なぜなら、99%のジュエリーアーティストは、この3つの世界の中でつくっているからだ。

「物事を別の方向から見る」という点では、私も実際に体験したことがある。私の学校に来て、たまたま窓ガラスに貼ってある火事の時に消防士が突入する目印に、大きな赤い

V-1　オットー最初のジュエリー・パフォーマンスは、２時間にわたって行なわれた。スイスの金塊は同じチョコレートの箱からのものだ。

V-2　お金持を象徴するスイス・ゴールドとドイツマルクのネックレス。それはすべて鉄格子の小部屋に閉じ込められている。

V-3　美術館の中の小部屋に人々はびっくりするが、それが何を意味するのか、すぐにさとる。

V-4　小部屋とそれをのぞき込む人々を、外の歩道から眺めている人もいる。

三角マークが貼ってあった。**Ⅳ-9**がそれだ。これに目を止めたオットーが、これを胸につければ、「私の胸は燃えている。早く飛び込んで来て」というブローチになる、と一瞬で言ったのだ。私はうなった。この壁紙ブローチにしても、それを見てブローチに転換してしまうところが、彼が言う、「物事を、その本来の用途や目的から離れて見る」を表わしている。もちろんオットーもこの境地にすぐたどりついたわけではない。そもそものスタートは1976年の「フォト・スタンド」での行為から始まっているが、そこから「円錐のブローチ」「売約済ピン」等と進んで、約４年間位で自分のスタンスが決まったのだ。

V スイス・ゴールドとドイツマルク
［Swiss Gold, The Deutschmark］

V-1の２人の人物を見て欲しい。１人はタキシードを着た体格のよい男、胸にはスイスの金塊を型どったスイス・チョコレートをつけている。

一方の高そうなレース服の女性は、ドイツマルクのネックレスを身につけている。何やら、偉そうに威張っている表情も見て欲しい。**V-2**を見ると、手前にシャンペンを置いて飲んでいるようだ。

お金の虜《とりこ》になっている人々を象徴した2人だ。

タイトルは、「スイス・ゴールドとドイツマルク」としているように、このジュエリーを身につけ、金持の人を表わすのはちょっと頭のいい人だったら考えつく。ここからがオットーの違うところだ。

この2人を大きな部屋の中につくった小部屋に閉じ込めて、3時間パフォーマンスを行なったのだ。これは彼にとっても最初の試みだった。中の2人はシャンペンを飲みながら、観客を無視し、馬鹿にしたような会話を交わす。観客は最初はびっくりするが、近づいて、ゴールドとマルクを見てニヤッとする。「そうか、お金持を象徴しているのね」と。そして檻《おり》の中を示す**V-3**の鉄格子を見て、もっとニヤッとする。「2人は私達を馬鹿にしているようだけど、実は自分達がお金という檻に閉じ込められていることを知らないのね」と。

この2つのグループを見ているもう1つの人々がいる。それが**V-4**で、写っている窓の外を通る人々だ。格子の部屋と広い部屋の人々の様子を、この建物の外から眺める通行人がいるのだ。つまり、小部屋をのぞいている人々も、通行人からは、のぞかれている人になっている。その立場の転換を示したかったのだ。

Ⅵ ビューティ・ギャラリー、
フラグメント、
ブロークン・ミッキーマウス
［Beauty Gallery,
Fragment,
Broken Mickey Mouse］

Ⅵ-1、**2**を見てみよう。女の人が額を首にかけている。これは彼の次のような考えによる。

ジュエリーというのは、考えてみると、身体の一部を飾ってきたともいえる。ネックレスは首を、指輪は手を、というようにだ。それは丁度、家を飾るのに庭に木を植えたり、泉をつくったりするのに似ている。しかし、家の垣根は、それらすべてを含んで家と庭を飾っている。この垣根に相当するような、その人間全体を取り巻き、飾るジュエリーはないものだろうか―個々に身体を飾るネックレスやイヤリングでなく―と考えるようになったのだが、すぐには解決できなかった。

解決は突然やってきた。そのヒントはパリ郊外のベルサイユ宮殿にある美人肖像画廊下(通称Beauty Gallery、ここに飾ってある絵は、ルイ14世の愛人達を描いていると言われている)だった。それは、その人そのものを表わすのは顔だ。ならば顔(家と庭に匹敵)を額で飾ってしまえば、この考えが実現できるのではないかと考えたのだ。しかも、この作品を展示会で発表するには、今までやってきた現実のジュエリーを飾

VI-1 「その人全体を飾るジュエリーとは」の答えがこの額と人物の写真なのだ。1984年。

VI-2 これはネックレスではない。その人全体(精神も含めて)を飾るジュエリーなのだ。

Ⅵ-3　イギリス、グラスゴー美術館で行なわれたビューティ・ギャラリーの展示。その名の通り、廊下(ギャラリーの意味の１つ)に飾られている。写真１枚のサイズは750×625mm。

Ⅵ-4A　「フラグメント」というタイトルの作品。イタリア、ルネッサンスの額の断片。60×160mm。

Ⅵ-4B　サイズ80×42mm。

Ⅵ-4C　長さ125mm。

るように、額そのものを飾っても意味がない。

そこで6人の美しい若い女性を選び、額をかけたポートレート写真を撮ることにしたのだ。しかもプリントはとても光沢のある紙を選び、サイズは750×625mmにもしたのだ。それをイギリス、グラスゴー美術館で展示したのが、**Ⅵ-3**だ。

ここまで書くと、オットーの思考プロセスが分かると思う。しかし、この額をかけた写真を見た人は、何だ、額を首にかけただけではないか、それなら自分も色々なものを首にかけて、これがジュエリーといえるのか、と思うかも知れない。ここが思いつきと、コンセプトが根底にある作品との違いだ。人をなるほどと思わせる思考、そしてそれを表現する手段、ここではまず、若く美しい娘達を6人選んだこと、黒バックとしたこと、大きなポートレート写真にしたこと等が、よくこの作品を納得させるものになっている。

ところがそういう撮影の仕事をしているうちに、美人をジュエリーで飾るということは、その彼女の男にしてみれば、自分の財力や地位、権力を、彼女を通じて人に知らせるようなものであり、時にはその男の性的能力をも暗示するものだ、という内容の小説（マリオ・ソルダーティ著『アメリカン・ブライド』）のことを思い出したのだ。

結局彼は、このポートレート写真を撮ることを止めてしまった。

ふつう、作家はこういうプロセスに至ると、その作品を発表しなくなってしまう。それを自分の作品のシリーズとして発表していくオットーならではと思ってしまう。もちろん彼は、この仕事を十分に満喫していたし、その後の発展があるからだが。

彼はやがて、これらの額の一部、一断片をペンダント等に加工するようになってくる。その考えのプロセスはこうだ。

物の断片をこの際、fragment（フラグメント）と英語で言うこととしよう。物の断片であるから当然、その全体からは取りはずされたものであり、そういうものを集めること自体も、本体を壊すということになる。しかしもう少し考えてみると、フラグメントは一部であっても、やはり全体を類推させるのだ。

つまり我々は、過去のフラグメントから、本体の姿をいつも想像していることになる。それは思い出というメンタルなことにもいえるのではないか。私達の思い出というものは、そういえば断片的なものだ、しかもそこから全体を思い起こしていることは、うなずける話である。そこでオットーはフレーム（額）の作品に、まだ愛着を持っていたので、額の一部を切り取って、ジュエリーにすることにしたのだ。それが「フラグメント」と題された、**Ⅵ-4**の3枚の写真だ。

このフラグメント・シリーズをつくるようになってから、彼はイタリアのルネッサンス、バロック、ロココ時代の家具や鏡等の断片を集めるようになる。やがては、そういう古いものを見つけ、新しい作品にして

Ⅵ-5 「ブロークン・ミッキーマウス」。なぜミッキーが古色に仕上げられ、顔を割られているのかは本文に述べてある。胸に下げると大きく、顔だけで120mmある。1988年。

いくことが自分の責任だ、とも思うようになってきた。

フラグメントは壊れてしまった過去のものだという考えだけでなく、「すべてのものは、いつかは壊れていく。しかしそのフラグメントは過去と現在、未来をつなぐものでもある」とも考えられる。ならば意図的にフラグメントを呈示し、それが新しい出発でもあると考えるようになった。

そんなわけで、アメリカのシカゴで「Everything goes to pieces」(すべてのものは断片となる)というタイトルの展示会をすることになった。

その展示会ではもう一段考えて、このコンセプトを、壊したミッキーマウス(Broken Mickey Mouse)で表現することにしたのだ。

ミッキーマウスは、スイス人であるオットーにとっても、子供時代の憧れのヒーローだった。その大切な思い出の形を壊すことによって、自分の思い出の整理を行ない、それが新しい出発になると思ったからだ。

そしてそのミッキーは、古びた黄金色に塗ることにした。なぜならオットーにとっても、それはルネッサンス時代のフラグメントと同じく、メンタルに古いものだからだ。**Ⅵ-5**のミッキーがそれだ。顔の横幅は約120mm、身体につけるとかなり大きく、迫力のあるもので、本体は木製だ。それを思い切って欠《か》いてしまったのだ。その割れ口もすさまじい(**Ⅵ-6**)。多分そういう表情をする木を選んだのだろう。ここらもオットーの造形力や技術の高さを感じる。コンセプトがあっても、それをビジュアライズ、具象化する時、ここまで材料、仕上げ等にこだわる人は少ないからだ。これをミッキーの人形を買ってきて壊しても、この迫力は出ない。

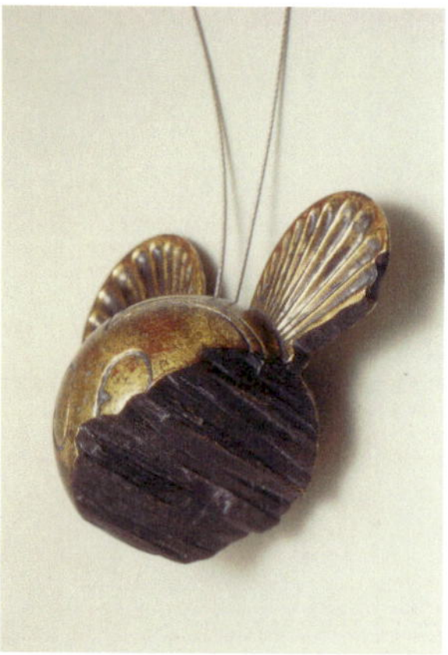

Ⅵ-6 割られた顔面には、フグラメントの意味とブロークンの意味がある。

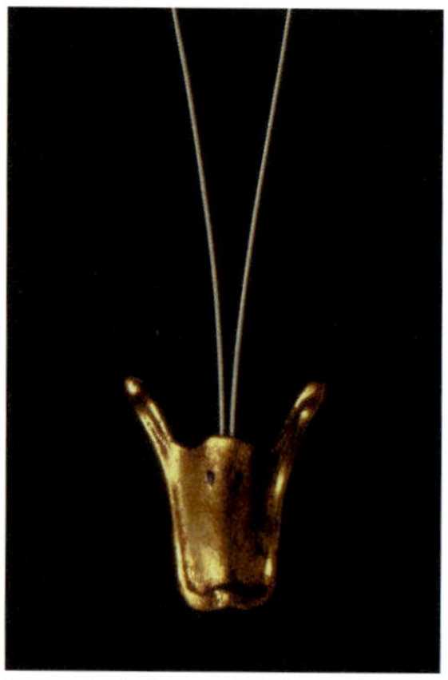

Ⅵ-7 よく見ると、「ドナルドダック」の口ばしだ。

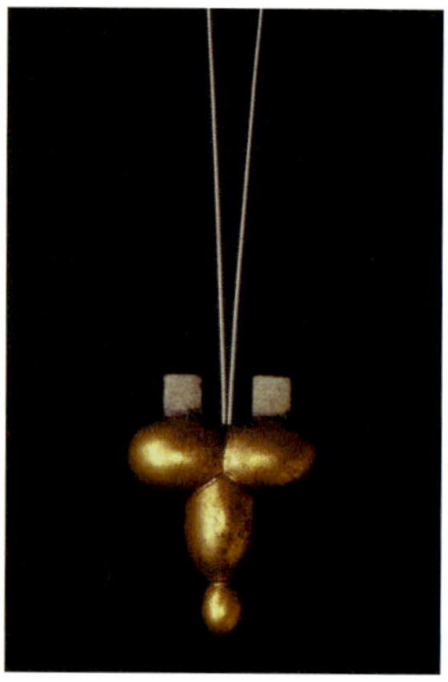

Ⅵ-8 「グーフィ」。上の２本の白い部分は歯だ。グーフィの顔が上下逆となっている。タイトルはグーフィの「G」からとって、「G-man」。

Ⅵ-9「アンタッチャブル」と題された、スーパーマン・マーク。楕円の木の台の上に、古くからある特殊な液体で金箔を貼りつけている。

Ⅵ-10 タイトル「1492-When Micky Mouse was born」。1492年のコロンブス、アメリカ発見の年をアメリカ文化の誕生の年とし、それを卵のミッキーにかけ合わせている。

特に古びた感じにしたミッキーは、オットー以外には思いつかないだろう。この展示会では、彼のディズニーのアイドル達もジュエリーにしてしまっている。**Ⅵ-7**、**8**(タイトル『Donald Duck』、『G-man』)がそうだ。**Ⅵ-7**は「ドナルドダック」の口だし、**Ⅵ-8**は「グーフィ」だ。アンティーク・ミッキーと同じ考えでつくったのが、**Ⅵ-9**のスーパーマン・マークだ。タイトルは「アンタッチャブル」、同名のFBI物語の映画がある。触れない存在という意味だろう。

さて、このミッキー・シリーズは、**Ⅵ-10**へとつながっていく。タイトルは、「1492-When Mickey Mouse was born」だ。

1492年はコロンブスがアメリカ大陸を発見した年であり、その年をもってアメリカ文化が始まったとしているのだ。その象徴としてミッキーマウスを登場させ、なおかつミッキーを卵の形にして、アメリカ文化誕生を表わしている。プラスチックのハード・フォームでつくられていて、白い塗料が塗られている。かわいいのは、その白い耳である。

私はミュンヘンの展示会で、この白いミッキーを見て、タイトルを読んだ時、瞬時にしてオットーの意図するところを感じたものだった。

さて、このミッキーマウスは、彼が初めて日本にやって来た時も、新作の展開へとなっていく。

1993年、彼が子供時代からの夢だった日本にやって来た。三校合同展への参加が目的だった。この時、学生達だけの展示会だけでなく、三校(ミュンヘン、アムステルダム、東京)の3人の教授作品展も行なわれた。そこにブロークン・ミッキーマウスと並んで、3つの新しいミッキーも並んだ。それが**Ⅵ-11**、**12**、**13**だ。

Ⅵ-11「Faceless」。つまり顔のないミッキーと題された指輪。どこの国の人がはめても、ミッキーはその国の人気者となる。

Ⅵ-12「ミッキー、私自身と目」がタイトル。細い目の中をのぞき込んでも、そこには「あなたの目、つまり、あなたの希望する私が見えるだけだよ」と言っている。

Ⅵ-13「日の出と日没」と題された作品。西欧の人には、素直に見られる作品だが、私達には聖徳太子の国書が思い出される。

Ⅵ-14A ディズニーランドで販売されたミッキー。ミキモトのパールでつくられ、ミキモトのミキとミッキーがかけ合わされている。

Ⅵ-14B

Ⅵ-14C

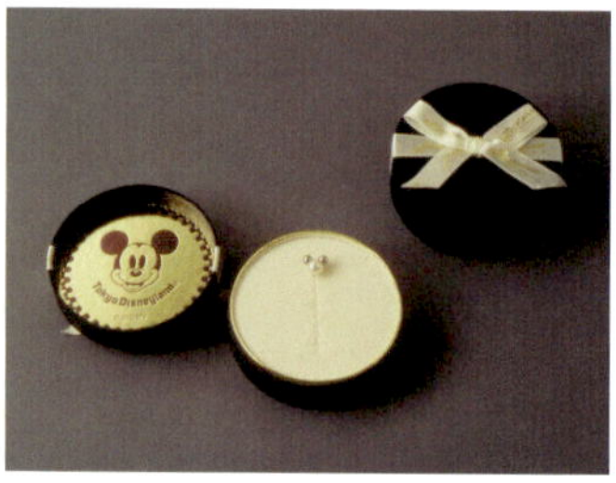

Ⅵ-14D そのケース。

Ⅵ-11（タイトル『Faceless』）は、金のミッキーマウスの指輪だ。真中に指をはめる穴がある。この穴によってミッキーは、アジア人にもアフリカ人にもなれるようになった、とオットーは言う。なぜなら、この穴にアジア人の指が入れば、アジアのミッキーだ、という意味だ。

Ⅵ-12（タイトル『Mi, Myself and Eye』）は、細い目をした黒いミッキーマウスだ。顔はアクリルのメガネレンズで出来ている。よくアジア人は目が細いと言われる、あの目だ。しかし、この目の中には鏡が入っている。この目の中をのぞくと、当然のことながらその人の目が映る。人が相手の目の奥をのぞき込んだ時、その人の真意が分かるかも知れないと思うが、実はそれは、あなた自身の希望を映し出しているだけだよ、と言っているのかも知れない。

もう１つの**Ⅵ-13**（タイトル『Sunrise-Sunset』）は、赤と白のミッキーマウスだ。題して「サンライズ－サンセット（日の出と日没）」だ。

もちろん私は、これを見た瞬間に、聖徳太子が当時の中国の隋に小野妹子を遣わして、「日出ずるところの天子、書を日没するところの天子にいたす。恙無《つつがな》きや…」の国書を思い出した。

欧米人にとっては、この紅白のミッキーマウスはきれいな、無害な、太陽が左から昇り、右に没することを表わしていると映るかも知れない。しかし私達日本人には、２国間の長いあつれきを感じさせる作品だ。

この展示会が東京で行なわれた時、学生達は何人もが「なぜミッキーマウスなの？」と聞いていた。彼はこれに対し、「ミッキーは私の子供時代の夢を壊した。あんなかわいい顔をして、ミッキーは人種差別者で、愛国者で、警察官のベスト・フレンドだった。私に紳士のように近づいて来て、私の膝の上に座り、私の手を切りつけた」と話していた。

このミッキーのシリーズは、実は日本独特の作品に展開している。

彼は日本のミキモトの「ミキ」を、「ミッキー」と関連づけたのだ。養殖真珠の本家として世界的なミキモトのパールでミッキーをつくり、それをミッキーのふるさとであるディズニーランドで、おみやげ品として売ることを考えたのだ。

彼はそのため、かなりの費用で、実際に実用新案をとった。それからミキモトとディズニーランドに話を持ちかけたのだ。それが**Ⅵ-14 A～C**だ。そのケースが**Ⅵ-14 D**である。

そのきっかけはこうだ。本校での三校合同展の後、彼は鳥羽にあるミキモト真珠島を訪ねた。ここは養殖真珠の発明者、御木本幸吉が労苦を重ねた場所でもあるし、現在も真珠養殖が行なわれている。

その日、舟に乗って養殖場に出かけたオットーは、実際に真珠貝を引き揚げて見せてもらう。ガイドさんは引き揚げた真珠貝を、1つ2つと開けて見せてくれた。すると3つ目に開けた貝の中に2つの小さな、白とグレイの真珠が見えていた。その2つの真珠の配置を見た途端に、彼はミッキーマウスの顔や耳を連想したのだ。それはすぐに、これこそ東洋と西洋の出会いだとひらめいた。その瞬間は、まるで魔法の時のようだった、と彼は後に語っている。しかも、それをオットーは写真におさめている。**Ⅵ-15**がそれだ。こういう写真を持っていること、それを整理して保存し、すぐ取り出せるようにしてあること等、本当に感心してしまう。

私もこの計画は、初めから話を持ちかけられ、陰ながら色々な方にお願いしてみた。かなり時間はかかったが、結局、最終的にミキモトでつくり、ディズニーランドで売れるこ

Ⅵ-15 オットーが鳥羽の海で、真珠が貝から出てきた瞬間、Ⅵ-14の一連の作品を思いついた。

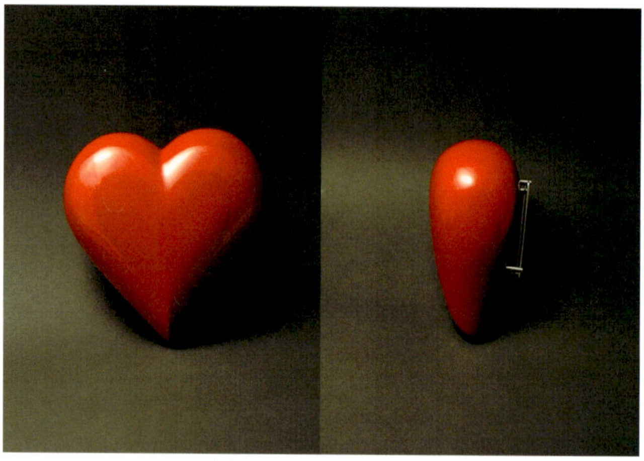

Ⅶ-1　高さ95mmもあるハート。厚さも45mmある。胸につけると、その三次元の大きさが実感できる。

ととなった。一番お世話になったのは、当時のミキモトの山口遼氏だった。ディズニーランドに行って、この作品—もちろん、おみやげ品としてだが—を見た人もいるだろう。1個数万円したにもかかわらず、かなりの売り上げになった。

美術が美術館内の展示から離れて、色々なところで展開されることから久しいが、オットーはそれを見事に成し遂げてしまった。

しかも買う人は、それを作品としての意識はなく、純粋におみやげとして評価し、気に入って買っていくのだ。そういう意味では、作品もおみやげ品も同じものだ。いつだって作品はおみやげ品に成り得るし、おみやげ品は作品に成り得る。しかもそのような議論も、意識もなく実現してしまうところがすばらしい。

Ⅶ ハート
［Heart］

ハートの形は、よくジュエリーのモチーフとしてとりあげられる。オットーの場合も、この「ハート・シリーズ」を、1985年から2003年までいくつもつくっている。

その最初が、**Ⅶ-1**の大きなハートだ。高さは95mm、厚さは45mm、つまり、厚さが高さの半分もある。これこそが、身につけた時の迫力の理由の1つになっている。この色は、車のBMWのコーラル(サンゴ)の赤のスプレーを使っている。

この「ハート」が、1985年に発表された時は本当に印象的だった。

後に出てくるニュージーランドのジュエリー作家、ワーウィック・フリーマンは、「私がこのハートを見た時、現代ジュエリーの作品でこんなにも大胆な作品は見たことがない」と言っている。

しかしオットー本人は、この'85年のハートについては、ほとんど語っていない。しかしワーウィックの言う通り、その迫力はすごい。このハー

Ⅶ-2「1センチの愛」と題された金のペンダント。1cmごとの値段で、好きな長さに切って売ってくれる。

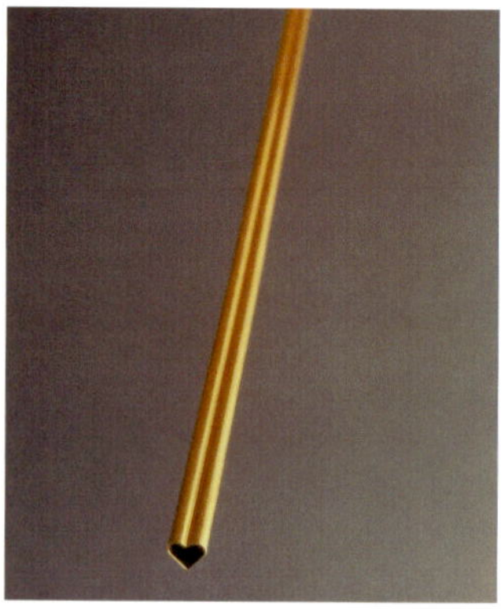

Ⅶ-3　これは彫刻作品。「1メートルの愛」と題されている。

Ⅶ-4　ローリング・ハート。ハートの二次元の形を回転して三次元とすると、この形となる。ステンレス・スティール製。このハートは永遠にさびない。

Ⅶ-5　ネックレスの紐が赤い色をしているのもオットーの意図であろう。

Ⅶ-6　Ⅶ-5の穴はハートの形をしている。

トから派生して、彼は色々なハートをつくっている。

Ⅶ-2は、「1センチの愛（1cm's love）」と題された作品だ。後に彼は、これを工学的に1mの長さにつくりあげ、そのタイトルも「1メートルの愛」というタイトルの彫刻作品にしている（**Ⅶ-3**）。

一方でオットーは、これを1cm当たりいくらという値段をつけて、希望者に販売している。

多分、彼はハート形に穴を開けたダイス（厚い鉄の板に小さなハート形の穴を開け、その穴に丸めた貴金属の板を通すと、そのハート形となってパイプ状のものが出てくる）を使ったものだろう。これはとても分かりやすい作品でありながら、しかも「あっ！」と思わせてしまうので、日本でもかなりの人気がある。

Ⅶ-4、**5**は、とてもかわいいペンダントだ。2つともそれを見てもハートとの関連が見つけられないが、**Ⅶ-4**は、ハートの板を回転して立体としたもので、「ローリング・ハート（rolling heart）」というタイトルがついている。

オットーはこう言っている。「このハートは、あなたの人生の中のたった1人に向かって、永遠に転がり続けるのか、それとも、この人、あの人と転がって行くハートなのか」と。ちなみに、このハートはステンレス・スティールでつくられていて、永遠にさびない。

もう1つは、2002年につくられた**Ⅶ-5**で、これは赤い紐を通した穴がハート形となっている。**Ⅶ-6**の拡大写真で、それが分かるだろう。

Ⅶ-7は「ウェッジ（Wedge）」と題された、55×35×18mmもある大きくて重いハート形のくさびのペンダントだ。鋭いエッジを持ったくさびが表わすのは、愛は時に人を傷つけ、切り裂《さ》き、殺すこともある、という意味だ。

それをくりぬいた残りの鉄の塊が**Ⅶ-8**だ。エレクトロニック・エロー

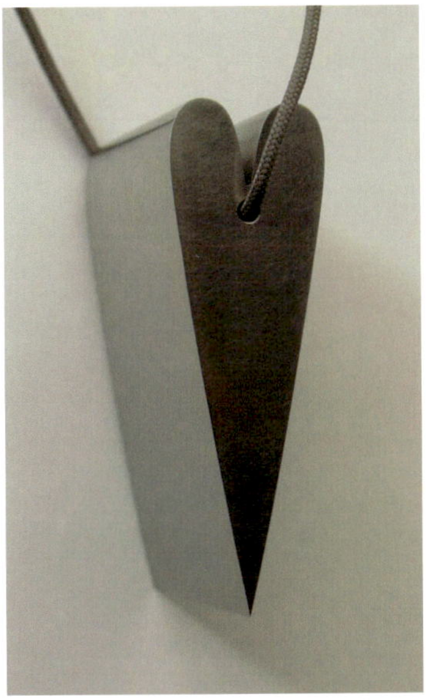

Ⅶ-7　「ウェッジ（くさび）」というタイトル。ハートは、時に人を傷つけ、切り裂き、殺すこともある。

Ⅶ-8　Ⅶ-7は、この鉄の塊からエレクトロニック・エロージョンという技術でくりぬかれた。

Ⅶ-9 「アウト・オブ・ザ・ダーク(暗闇からの脱出)」というタイトル。表は黒の銀板にハートが金色にくりぬかれて外に出ている。

Ⅶ-10 裏は金色。その金色が表に出ている。

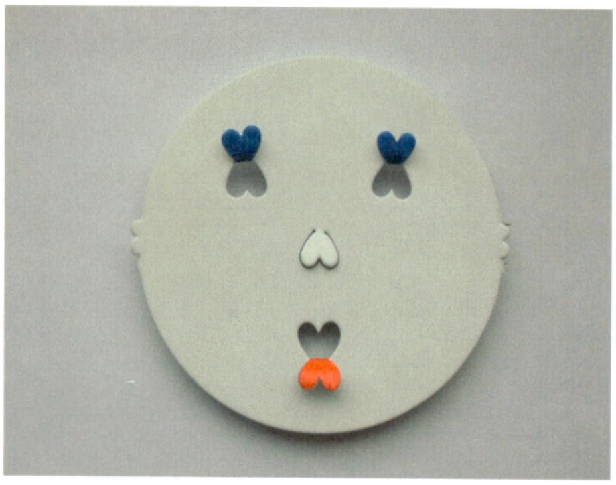

Ⅶ-11「フレンド」という皮肉なタイトル。目も鼻も口もみなハートで色っぽく、かわいい。

Ⅶ-12 耳もハート。

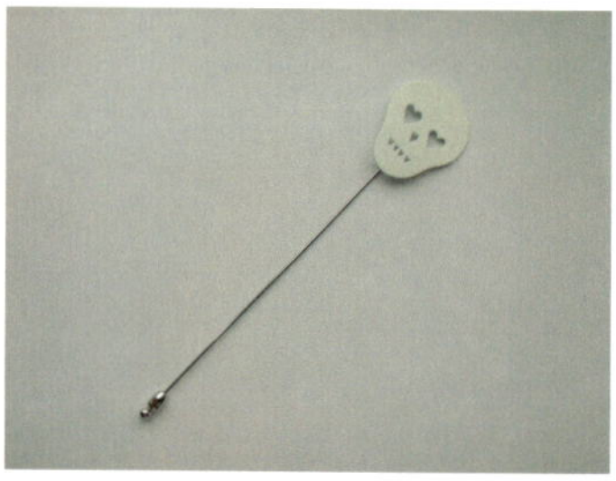

Ⅶ-13 白い骸骨のピン・ブローチ。「愛は身を滅ぼす」という意味。ヨーロッパではよく骸骨がハートを持っている絵がある。

Ⅶ-14 くりぬき部分は、すべてハート。32×26mm。

ジョン(electronic erosion)という技術を使っている。

Ⅶ-9は「Out of the Dark」、暗闇からの脱出、あるいは「朝と夜」とでも言ってよいタイトルで、**Ⅶ-9**に見られるように黒仕上げの中央に金のハートが外に出ている。**Ⅶ-10**は、その裏側だが、金色なのだ。これも誰もが「やったね」とうなずいてしまう作品となっている。

Ⅶ-11は、コミック的な要素も持っているし、かなり辛辣な意味も含んでいる。ホワイト・ノーズがハート、アイラッシュをつけた目も、耳もハートだ(**Ⅶ-12**)。それらがすべてくりぬかれて裏返しされている。口のハートは赤い舌だ。私は「おてんば(Naughty Lady)」と言ったら、オットーは「フレンド(Friend)」というタイトルにした。かなり皮肉なタイトルとなったものだ。

Ⅶ-13はピン・ブローチで、タイトルは「ハード・ハート(Hard Heart)」だ。そのアップ写真の**Ⅶ-14**で分かる通り、白い骸骨の顔のパーツはすべてハートだ。「Love can kill you」という言葉があるように、愛が身を滅ぼすことがある。ヨーロッパの絵画や、挿絵には骸骨がハートを持っている姿をよく見かける。

オットーはこれらのハートを一堂に集めた展示会を、オーストラリアのメルボルンにある「ギャラリー・フナキ」(名の通り、日本人の女の人で舟木さんという方がオーナーだ)で催している。この時60個以上のハートを並べ、案内状の中でオットーは、「これを見てもらえば、私のインスピレーションに疑問を抱いている人もよく分かってもらえるだろう。0歳から69歳、そしてそれ以上の年齢の人にも見て欲しい」と言っている。

最後になるが、彼が私の前でこれらのハートの実物の解説をした後でつぶやいた言葉が、私の頭の中に残っている。「宝石店にハート・モチーフのジュエリーは、あふれているが、甘いだけのハートではなく、背景のあるハート・ジュエリーであって欲しい」。

※このオットー・クンツリの作品は、《下巻》へと続いていく。
ますます深まる、彼独自の世界を読み進めて欲しい。

【日本の作家】

伊藤一廣
Kazuhiro Ito

I 大学時代まで

この章では、日本のジュエリーアーティスト、伊藤一廣を紹介しよう。

伊藤と私(水野)とは、10年位職場を共にしたこともあり、つぶさに彼の活動を見てきた。というより一緒に歩んできた想いが強い。彼は1997年に、その短い生涯を48歳で終えたのだ。こういう話を続けると情感の方が強くなってきてしまうので、彼の高校時代の話から始めていこう。

彼は高校時代、美術クラブに入っていた。そこの部長は田代先生という、現代美術の教師だった。

この田代先生の話としては、ある時、先生の絵を展覧会に運ぶ際に、伊藤が作品を持ってタクシーに乗ったのだが、絵が生乾きで、それをしっかり胸に抱いていたので、絵具がくずれてしまった。そのことを本当に申し訳なさそうに先生に報告すると、「これでいいよ」と言って、一言も伊藤を叱らなかったのだ。この言葉に心底救われて、伊藤は涙があふれてたまらなかったそうだ。

彼は後年、ヒコ・みづのジュエリーカレッジの講師となるが、よく学生達に「僕は作品至上主義じゃないよ。作品や物づくりの姿勢も大切だが、所詮、物に過ぎない。もっと大切なのは、それをつくった人の精神や、人の関係だよ。それなくして、どんなによい作品をつくってもむなしい」と言っていた。

そんなわけで当然、伊藤は現代美術に目覚め、当時の多摩美術大学の絵画科油絵専攻に入学する。この時期、多摩美は現代美術の牙城であり、現代美術の評論で一世を風靡した、東野芳明、絵画の斎藤義重、彫刻の菅木志雄、等がいた。

多分彼は、現代美術作家を目指していたと思う。私も評価するに、現代美術に進んでもかなりの作家になったと思う。

ところが、ここで奥さんとなった洋子さんと出会ったことにより、彼の人生進路が変わってくる。洋子さんのおじいさんは高名な洋画家、河井清一だった。最近でも徳島県立近代美術館が開館した時から、地元出身の作家として大きくとりあげられている人だ。

II ミキモト時代

その河井清一から卒業が間近となった頃、伊藤はこう言われた。「君はこれから、洋子をどうやって食わしていくのかい」。

当時から、画家は食えなかったし、現代美術の世界は、それが最もひどかったからだ。

そこで彼は、ミキモトのデザイン室に就職することにしたのである。

しかし、これが彼を現代ジュエリーの道に進ませることになる。

彼の天性は商品デザインの世界でも十分に発揮された。**II-1**は、洋子さんに贈ったプラチナのマリッジリングで、サイドにバケット・ダイヤが1個入っている。当時はこのような構築的な指輪は少なかった。**II-2**

II-1 プラチナとサイドにバケット・ダイヤ。妻の洋子さんに贈った。

II-2 ミキモト時代のブローチのデザイン画。当時としては、かなり新しい。

は、ブローチのデザイン画だが、下の芯に埋め込まれたメレー・ダイヤとパールとのコントラスト、そして細いチューブと太いチューブとの接点の削り込み等は差を感じるが、彼ならではのものだ。

Ⅲ 海外への活動

ミキモトに入社して2年経った頃、彼は退社してフリーのデザイナーとなる。

彼の大学時代は大学紛争に明け暮れた時だった。大学の銀杏の木は切り倒され、構内は封鎖され、授業は学外での自主ゼミだった。そういう背景を持つ彼だったし、もう十分に実力もついていたので、ミキモトを退社し、独立することになる。それに並行して作家活動も行なわれていくようになる。しかも、ジュエリーが、商品の世界のみでなくアートとして、

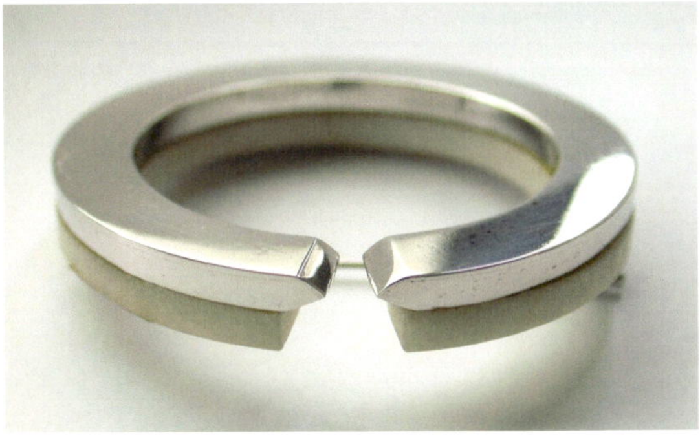

Ⅲ-1　彼の初めての海外展の作品。いかにもミニマリズムの影響を受けている。銀と白大理石のブローチ。

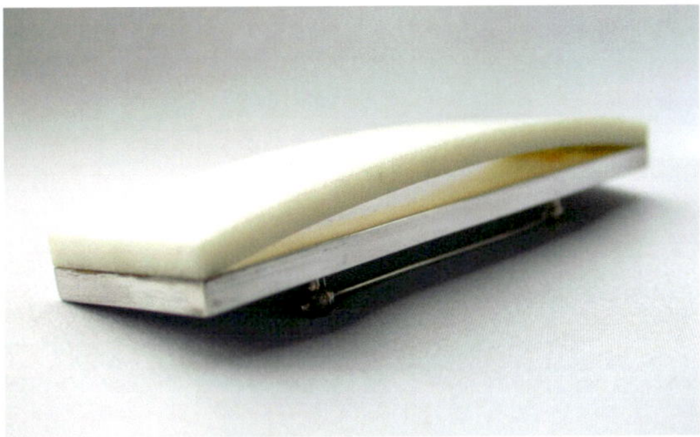

Ⅲ-2　これも銀の台に白い大理石。石のカーブが特徴。

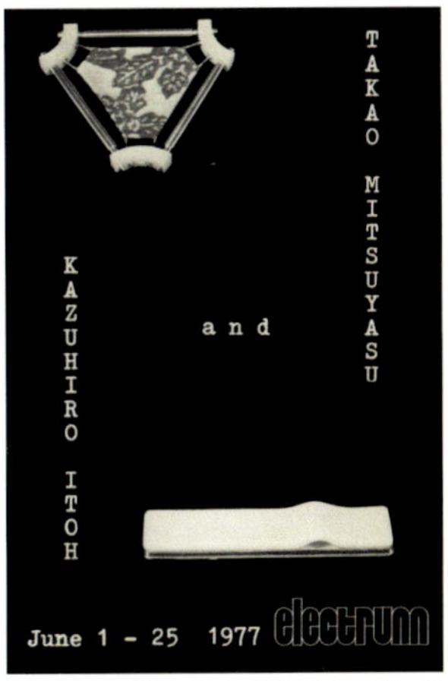

Ⅲ-3　ロンドン、エレクトラム・ギャラリーでの案内状。1977年。

Ⅲ-4　この作品について、本文に載せた詩を、こんなにも書けるなんて、渡辺英俊氏は本当にすごい。

作家の考えや、思想を表現する世界があることが分かってくる。それは彼が本来、目指したかった作家の道へ通ずるものであったから、そこに方向を定めていく。当時、現代美術は世界的にはミニマリズムが盛んであったし、日本では「もの派」が台頭してきた時代でもあった。

そこで彼の初めての展示会が帝国ホテルで1973年、高橋裕二氏との二人展として催される。残念ながら、この時の作品は、写真も含めて残っていないのだが、実に素っ気ない銀の丸棒だったことを覚えている。偶然、案内状が私のところにも来て、出かけて行ったものだ。お客は私１人だったが、彼はその時のことをよく覚えていて、それが後年、ヒコ・みづのジュエリーカレッジの講師となる布石だったように思える。

その４年後、ロンドンのエレクトラム・ギャラリーで「cloth and stone」展が光安孝夫氏との二人展として開催される。

彼は帝国ホテルの二人展から、「やはり日本では認められない。しかし世界では分かってくれる人がいるかも知れない」と思うようになった。

世界での発表の場といえば、当時ジュエリーの世界ではロンドンのバーバラ・カートリッジさんの「エレクトラム・ギャラリー」がトップだった。

カートリッジさんはユダヤ人で、19歳でロンドンに来たが、当時英語もろくに話せなかった。それが持ち前のねばり強さとエネルギーで、エレクトラムを世界一流のジュエリー・ギャラリーへ育てあげたのである。この当時の話は、バーバラさんお得意のドーバーソウル(ドーバー海峡の舌ビラメ)のムニエルをごちそうになりながらよく聞かされた。

しかし、彼のような無名の日本人の展示会など全く受け入れてくれなかった。そこで彼は２年間にわたって手紙を書き続けた。思いは届いて、やっと展示会をする運びとなったのだが、その時のロンドン空港での出会いを彼が語ってくれたことがある。

伊藤達が到着する日、空港は団体客でごった返していた。もちろんお互い顔を知らない。すごい人混みの中に、お互いにいぶかしがりながら、名を確かめ合って、ほっとしたということだった。

実際の作品は、**Ⅲ-1**、**2**であり、白大理石と銀の板のシンプルなコンビネーションの作品だ。長方形のブローチは、石のそりが見えるだろうか。**Ⅲ-3**が、その時のパンフレットだ。

――渡辺英俊氏とのつながり――

この白大理石と銀の作品についてはこういう話がある。後述する彼の心の師、渡辺英俊氏の話だ。

伊藤が精神的に行き詰って、何もつくれなかった時、渡辺氏は彼の作品について詩のようなものをつくった。彼の作品を贈られた渡辺氏が、

Ⅳ-1　黒御影石に金線を絡ませている。

Ⅳ-2　Ⅳ-1のシリーズの１つだ。彼の初期の作品。

Ⅳ-3　彼が黒御影石を積極的に使っている理由も、痛いほどよく分かる。宝石の価値観を変えたかったのだ。

Ⅳ-4　焼物の修理の金継のような様子を見せている。このシリーズの中でも傑作だ。全長14.5cm。

Ⅳ-5　Ⅳ-4の作品ケース。このケースを見ていると、彼の父が大工さんだったこともよく分かる。この後の作品でも彼は、木によくこだわっている。

Ⅳ-6　これも黒御影石のブローチ。これは案内状から撮ったものだが、石の上辺を欠いてしまうというアイディアと、それを実現したテクニックがすごい。

それに対してつくったものだ。

その文(原文のまま)は次のようになる。対象となる作品はⅢ-4だ。文と作品を比べながら感じて欲しい。

—輪—

たなべ・しゅん

「一応装身具として造ったと贈り主はいう。接着剤で重ね合わせただけの２つの輪。女性の小指ほどの太さの銀と大理石による、幾何学的な二重奏。なぜか、銀の１か所がカオスの未練のように撓《たわむ》んで、大理石に添うのを拒んでいる。

こんなに置き所のないものを私は知らない。デスクでは紛らわしく、引出しでは忘れ易く、壁にぶら下げても様にならず、服に着けたら破れそうだし、もとより額や宝石箱に納まるしろものではない。

１週間かかった。それはほとんど発見と呼んでもいい。この物がそこに向けて造られた……、いや、この物がそこから生まれて来た、この物の本来あるべき場所が１つだけあったのだ。それは、ホレ、この私のてのひらの上なのだ。

(1984. 2. 4)」

―持つということ―

たなべ・しゅん

「それは、置物には平た過ぎる。腕輪には小さ過ぎ、胸飾りには重過ぎる。玩具には単純過ぎ、文鎮には華《きゃ》奢《しゃ》過ぎるが、何でもないというには美し過ぎる。

要するに2つの輪の重なりなのだ。小指に満たぬ太さ同士が、接着剤のかすかな黄色を挟む。台輪は大理石の、崩れそうな白。上輪の銀の輝きはひと所だけ、突き上げられたように撓んで、口笛に似た隙間をのぞかせる。

それが何だと聞く人には何だろうと答えよう。だが、毎朝の仕事の前に、ネルで磨き上げる楽しみは、人に告げるには惜し過ぎる。

(谷川俊太郎にまねて

1984. 2. 1)」

たなべ・しゅんとは、渡辺英俊氏のペンネームだ。

文を読んだら、もう一度作品を見て欲しい。ペンダントなのだが、持ってみると異常に重い。ペンダントとしては実際には使えない。居所がないとは、そのことも含んだことだ。

上の銀の部分と下の白大理石とは芯立てで、2か所をつなげているが、接着剤も使っている。時間が経つと接着剤は黄色く変色して、嫌がる人もいるが、それをこの文のように賞揚できる人はとても少ない。この作品のメインポイントは当然、手前の銀のパイプのくびれだ。これを渡辺氏は「いびつ」と呼んでいる。

そして、「いびつのない人生なんてない」と言い切る。この作品を手の平にのせると、銀パイプの内側の曲面にその肌の色が写る。それを恋人の上にのせたらどのようにそれを写し出せるのか、とも言っている。

作品についての文で、これだけの文章に出会ったことはない。

渡辺氏は現在、横浜の寿町というドヤ街(東京の山谷にあたる)で、その日暮しの人達と問題を共有しながら牧師をしている。そのドヤ街にいる人々のことを渡辺氏は、「結局、人のよすぎる人なんですよ。人にゆずっているうちに、自分が世間からはみ出てしまったのですよ」と話す。さすがに伊藤の師となる人の発言だ。

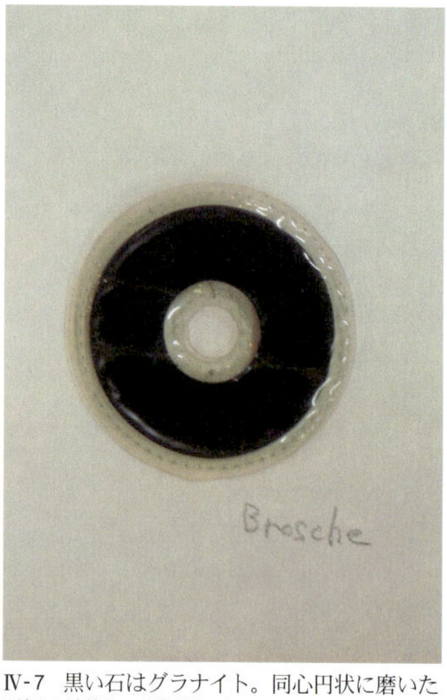

Ⅳ-7 黒い石はグラナイト。同心円状に磨いた平板の前後に、透明なビニールシートを圧着してかぶせている。

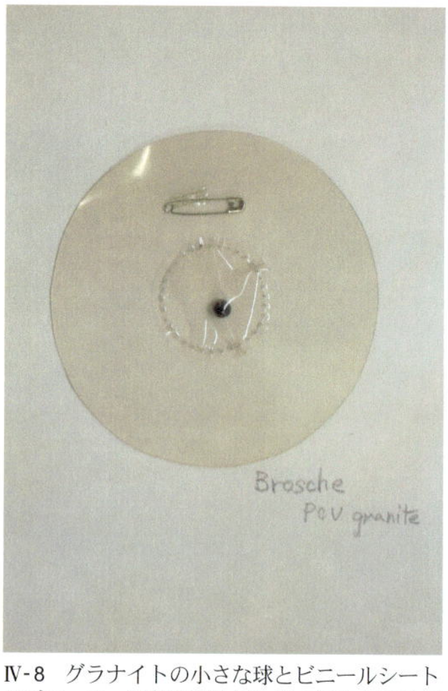

Ⅳ-8 グラナイトの小さな球とビニールシートのブローチ。既製の安全ピンをつけたところがいかにも彼らしい。

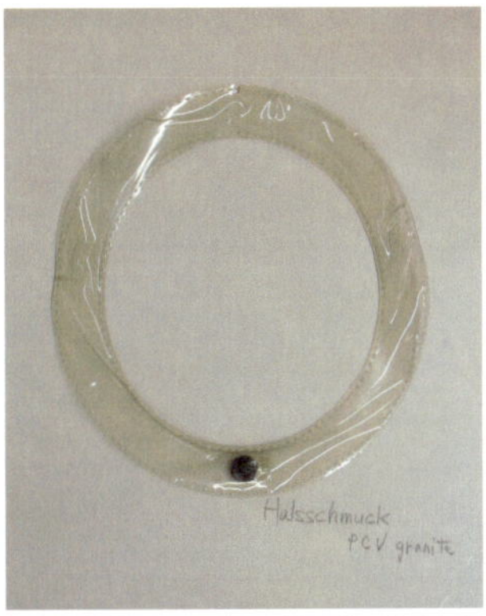

Ⅳ-9　今度は、小さな円盤のグラナイトをビニールシートに閉じ込めたネックレスだ。

Ⅳ-10 これはネックレス。中は鉄板を巻きつけた鉄芯で、外は透明なビニールシートをチューブのように巻いてある。

Ⅳ-11 Ⅳ-10の中の様子。

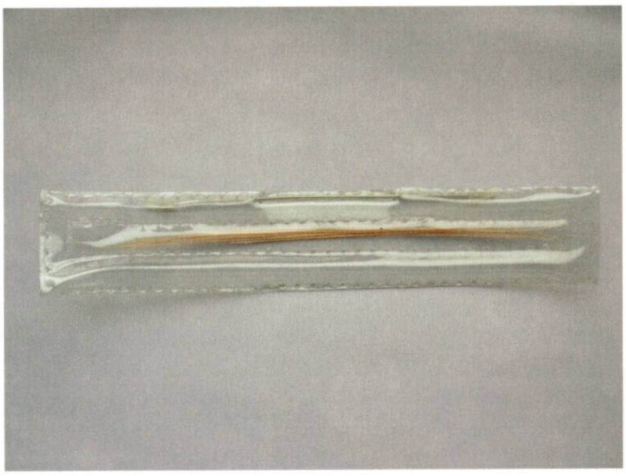

Ⅳ-12 竹ヒゴを極細にそいで、ビニールシートの中に閉じ込めてある。両素材ともジュエリー素材としては全く異色だ。

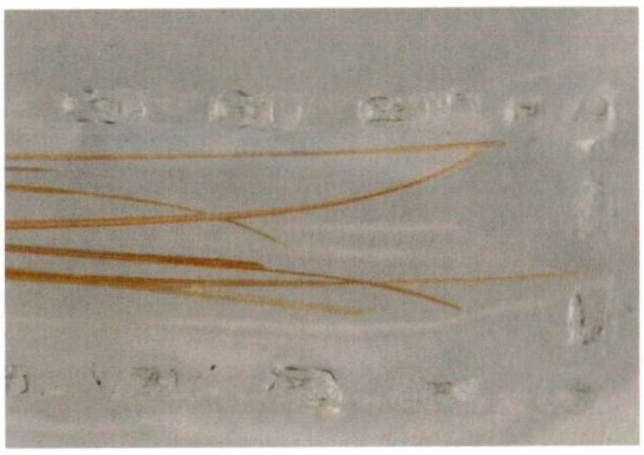

Ⅳ-13 竹ヒゴを極限まで細く削っている。

―海外作家との交流―

さて、もちろん伊藤の展示会は成功をおさめ、その後、ことあるごとに、伊藤はバーバラさんに招待される作家となり、その後、ジュエリーの世界をヨーロッパで引っ張っていくことになるヘルマン・ユンガー、ショービンガー等とバーバラさんの家の食事会で紹介されることになる。

伊藤にとって最も栄養となったのは、この後、ヨーロッパの主立《おもだ》った作家を、バーバラさんの紹介で歴訪したことだ。

彼も、彼が訪ねて行く先も、もちろんお金持ではない。まだまだジュエリーアートの世界もヨーロッパでは黎明期で、みんな貧乏だった。彼が訪ねたある作家の家では、彼を泊める部屋がなくて、バスタブに板を敷いて寝た、と彼は言っていた。

しかし、これで彼は日本人のジュエリー作家として、ヨーロッパの作家達との交流を持つことになる。しかも彼の作品と率直な人柄で、一人前のジュエリー作家として認められるようになる。それが後年、大きな財産となっていく。

Ⅳ 初期の作品

──黒御影石──

そんな時の作品が、**Ⅳ-1**から**Ⅳ-3**までだ。いずれも黒御影石を素材とし、それに金線を絡ませている。**Ⅳ-4**では、焼物の金継《かなつぎ》のように金箔と石とを融合させている(**Ⅳ-4**)。このケースが**Ⅳ-5**だが、このケースのつくりも、すでに後年、木の作品にこだわっていくことを暗示している。この時代の作品としては、**Ⅳ-6**が出色だ。石をこれだけの細さにしたら割れたり、折れてしまうという危うさを、上辺を欠《か》くことによって完全に肯定してしまっているブローチだ。写真は展示会の案内状から撮っている。

──ビニールシート──

この次のシリーズとなる作品の主役は、厚手のビニールシートだ。このありふれた、現代文明で最も嫌われる素材に目をつけたのは、さすがに伊藤だ。それらの作品が、**Ⅳ-7**から**Ⅳ-13**までだ。

Ⅳ-7はブローチ。グラナイトという石を同心円状に切り出したものに、前後にビニールシートを圧着したものだ。**Ⅳ-8**、**9**は、同じくグラナイトの球や円盤を円盤状のビニールシートに閉じ込め、**Ⅳ-7**との関連性を持たせた作品だ。

Ⅳ-8はブローチ、**Ⅳ-9**はネックレスだ。特に**Ⅳ-8**は、服に留めるのに既製の安全ピンという素っ気ないパーツを使い、その高度な造形性で、今でも新鮮さを保っている。

Ⅳ-10はネックレスだ。中の鉄芯は薄いスチール缶の板をハンマーで叩きながら、ぐるぐる巻きつけ、太い鉄紐《ひも》のようにつくりあげている。その様子が、**Ⅳ-11**で見てとれるだろうか。その上に厚手のビニールシートを1片ずつ切って筒状にかぶせている。実物をよく見てみると、その1片は1つずつ大きさが違い、かぶせ方も違う。タイトルは、「唯今という幻想を追って」となっている。

Ⅳ-12はブローチだが、竹ヒゴをこれ以上細かく出来ないほどに裂《さ》いている。**Ⅳ-13**がその様子だ。ビニールと竹ヒゴという取り合わせも意表を突く。今でこそ、こういう感覚は見られるようになったが、当時は本当に新鮮だった。タイトルは、「ジュエリーに現在はあるか」だった。

この作品については、面白い後日談がある。取材で作品を借りた出版社の人が、机の上に作品を置いて帰ったら、お掃除の人がゴミと思って捨ててしまったのだ。

これらの作品の延長に、現代美術としての作品もつくられた。タイトルは、「服を着た服」という。上下の黒の普通のビジネススーツの上に、全体が透明なビニールシートを少し大きめで、全く同じデザインのスーツをつくって重ねて着る。当然シースルーなので、下のビジネススーツはそのまま透けて見える。初めて見た時は、「あっ！」と思ったものだ。

V-1　彼の行動は、環境ジュエリーとでも呼べるものに発展していく。名づけて、「アース・ジュエリー」。1987年。

V 教育者として

──アース・ジュエリー──

1987年、伊藤はヒコ・みづのジュエリーカレッジの講師となる。

ここで彼は、学生達と環境ジュエリーとでも呼べる芸術活動を行なう。

V-1～3の写真は、横浜の幼稚園児達と四角い穴を掘り、そこに園児達と学生達のつくったジュエリーを埋め込んだ時のものだ。これを、「アース・ジュエリー」と呼んでいた。3つの穴は各々、「woods」「stones」「clothes」と名づけ、その名のジュエリーを埋め、世界最大の丸、三角、四角のジュエリー、と彼は言っていた。

その前に、この幼稚園児達とヒコの学生達が、「ジュエリーつくりっこ」というイベントを行なった。素材は草や木、そして、そこらに転がっているゴミだった。結果はあまりにもはっきりしていて、幼稚園児達のつくったジュエリーの方がはるかにすてきだった。あまりによくて、渋谷

V-2　幼稚園児と丸、三角、四角の穴を掘り、子供達のつくったジュエリーを埋めていく。

V-3　最前列、白Tシャツを着ているのが、伊藤一廣。

にある「こどもの城」で展示会を行なったほどだ。それがV-4、5だ。これに気をよくして、園児にワックスで遊んでもらったこともある。V-6がその結果だ。ワックスでつくった原形をアルミ鋳造して着色した、そのかわいらしさを見て欲しい。

――スカイ・ジュエリー――

アース・ジュエリーの次には、「スカイ・ジュエリー」をやってみようということになった。V-7、8がその時の写真だ。「空にジュエリーを」と、写真の風船を空に放ったのだ。この風船の大きさを、下にいる学生達と比べて欲しい。これらはゴミ袋を貼り合わせたものもある。この結末は、高圧電線に風船が引っかかってしまったが、本当に楽しいものだった。

――シー・ジュエリー――

V-9からV-12までは、「シー・ジュエリー」と名づけて、鎌倉の由比ケ浜海岸に、1kmにわたって海辺にネックレスをつくろうというアート活動だった。もちろんこれらには、現代美術の作家、クリストの影響もあるところだ。この案内ハガキがV-9だ。中央に実際に使うテキスタイルを切って貼り、海のブルーを水彩鉛筆で表現している、すてきなハガキだ。

これは何日にもわたる準備が必要で、1kmの布をつくるだけでも大変だった。写真にあるように、布に「SEA JEWELRY」の文字を刷り込み、学生達も50人以上動員し、最後にはV-12のように、新聞にもとりあげられた。V-10は、その新聞記事の内容を示す状況写真だ。V-11のよう

V-4　渋谷「こどもの城ギャラリー」での幼稚園児と学生の「ジャンク・ジュエリー展」。園児達のジュエリーの迫力に圧倒された。

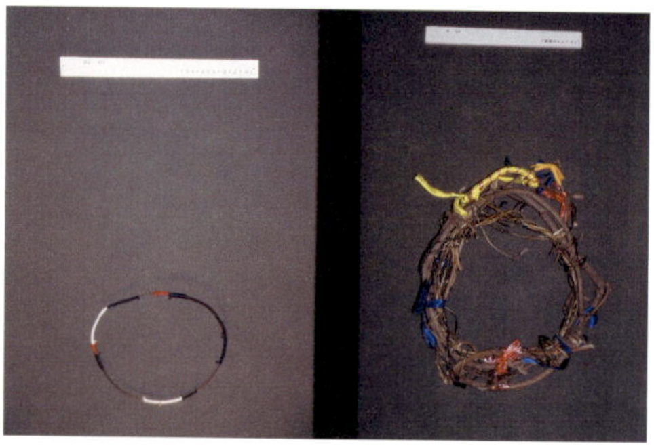

V-5

V-6　園児達がワックスシートでつくったアルミ鋳造のオブジェ。何て表現力ゆたかなのだろう。

V-7　ゴミ袋を貼り合わせたバルーン。人物との大きさを比べて欲しい。タイトルは、「スカイ・ジュエリー」。

V-8　V-7と共に、このデザインと色を見て欲しい。これだけの感覚がないと、単なる遊びになってしまう。

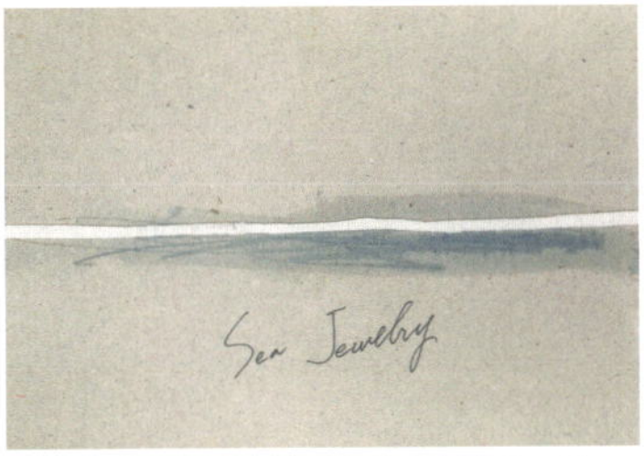

V-9 「Sea Jewelry」と名づけられた、ジュエリー・コラボレーションの案内状。中央は海岸に敷いた実際の布の切れ端。その周囲のブルーの淡さがよい。

V-10 鎌倉、由比ケ浜に1kmにわたって設置された布。彼の頭にはもちろん、クリストの作品があるに違いない。1989年。

V-11 学生、子供達、その場に居合わせた幼児も参加し、とても楽しい3日間だった。

1989年（平成元年）10月15日（日曜日）　東京新聞

波打ち際に木綿布1キロ

由比ケ浜海岸　宝石学校生が環境美術

鎌倉市の由比ケ浜海岸から材木座海岸の波打ち際に十四日、約一キロにわたって木綿の白い帯が出現して行楽客、ウインドサーフィンの若者らをびっくりさせた。

東京都渋谷区神宮前、学校法人「ヒコ・みづの宝石専門学校」（水野孝彦学校長）の生徒が「環境美術」のひとつとして実験的に取り組んだ「シージュエリー」の試みで「打ち寄せる波にそって布が波の波形を記録。海岸線に描く波のジュエリーを表現した」という。

海岸に設置されたのは幅七十二センチ、長さ一キロの天竺（てんじく）木綿。午前十一時ごろから準備に入り、教師、生徒ら約三百人が午後一時半過ぎにハンディ無線で連絡を取りながら波打ち際に設置した。

ところどころ布が丸まって波の波型を十分表現したとはいえなかったが、自分たちのアイデアで実現した試みとあって女生徒の一人は「塩の線を通そうという話もあったんですが、布なら後で分けて記念にもなるし。こういった試みは地球環境を守ることにつながるのでは」と話していた。

同校ではファッションアートアクセサリー長でデザイン担当の伊藤一廣さん(四二)を中心に「装飾という従来のジュエリーの考え方に挑戦。コンセプトジュエリーということで、一人ひとりの考え方、生き方が反映する将来のジュエリーのあり方を提案したい」とこれまで横浜市内の幼稚園の敷地に直径三メートルの円や正三角形の穴を掘る“アースジュエリー”や、大空に気球を浮かべる“スカイジュエリー”などを試みている。

環境美術、環境芸術などと呼ばれるこの種の試みはすでに欧米で活発に行われ、塩分の強い海岸に直径一キロのブロックの渦巻きを作り、塩を真っ白に付着させる試みや、砂漠に数百本の金属棒を立てて雷を放電させる試みなどが行われている。

鎌倉市の由比ケ浜、材木座海岸にできた白い布の帯

東西南北

相模原

救急安心カード配布へ

「救急安心カード」が相模原市消防本部の手で作られ、一万二千枚が七十七歳以上のお年寄りと心身に障害を持つ人に届けられる。

このカードは普通のキャッシュカードと同じ大きさで、紙製だが、透明のビニールの……

……を見て適切な連絡をとれる。

同本部が昨年一年間に扱った緊急搬送一万五百件のうち、六十五歳以上の人は千六百件で、現場で氏名、住所の……

西

きょう横浜に青木プロ

先月の東海クラシックで優勝したプロゴルファー青木功さんが十……に豊富な競技経験の中からゴルフの神髄とトーナメントのエピソードを披露する。正午から先着三百人にサイン色紙をプレゼントする。

ハローインフェスティバル

横浜駅西口の横浜岡田屋モアーズで「ハローインフェスティバル」が行われている。

ハローインは万聖節の前夜……ている。同店ではこのハローインに使う魔女の帽子や怪獣のマスク、キャンデーなどハローイングッズ＝写真＝を来……

横浜スカーフ展

横浜の地場産業スカーフの歴史を紹介する「横浜スカーフ展」（主催・横浜市勤労福祉財団）が十四日から中区万代町二の技能文化会館で開かれている。二十二日まで。

横浜は国内スカーフ発祥の地。開港後、外国商館から注文をとって生産し、現在でも国内スカーフ生産量の約九割をつくっている。

展示の目玉は昭和初期に使われた木版。現在はすべて感光製版のスクリーン捺染（なっせん）だが、当時はすべて木にペルシヤ文様などを彫っていた。……スカーフに発展。昭和初期は現在の大きさのスカーフはイギリスに輸出されるようになった。同展では時代とと……

スカーフを見る女性たち　市技能文化会館で

V-12 新聞紙上での「シー・ジュエリー」。この浜辺のネックレスは、波という自然によって形づくられていく。

V-13「ファイヤー・ジュエリー」のスタート。二重螺旋の炭と薪の炎の下図。中央下の赤いダウンを着ているのが伊藤だ。

V-14 いよいよ点火、薪と炭がよく見てとれる。

V-15 奥多摩の山深くにこの炎は一晩中、生きたレッド・マークとなった。人工衛星にもはっきりと写ったに違いない。約100人の学生達が、この炎のまわりで一晩中語り明かした。

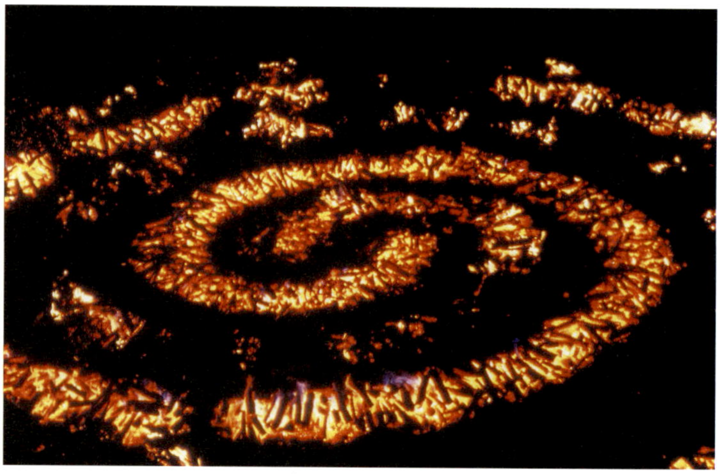

V-16 かなり高温で長時間燃えたため、今でもこの地に行くと、螺旋形に土が焼けている。

に、子供達をも巻き込んだ楽しく遊べるパフォーマンスだ。

上空から見れば、確かに海辺につけられたネックレスに見え、その曲線が波によってどんどん変化していたことだろう。これらの集大成とも言うべきものが、次の「ファイヤー・ジュエリー」だ。

―― ファイヤー・ジュエリー ――

V-13のような大きなスパイラルを地表に描き、そこに木の薪と炭とを交互に二重螺旋のように置いていった。人間とのサイズを比較して欲しい。赤いダウンを着て、中央下に背を向けて、立っているのが伊藤だ。これを丸二日かけて、キャンプファイヤーのように、約100人の学生が泊まりがけで行なったのだ。泊まりと言っても奥多摩の山奥で、学生達は火のまわりで語り合い、黙し合い、一晩を過ごした。きっと人工衛星の写真には、くっきりとこの二重螺旋が写されていたに違いない。**V-14**、**15**、**16**が、その時の写真だ。

V-17　V-18、19は、当時の学生、小寺智子の写真作品。このすそについたモミ殻を、ジュエリーととらえられるだろうか。

V-18　これをジュエリーと見て下さい、と主張しているようだ。

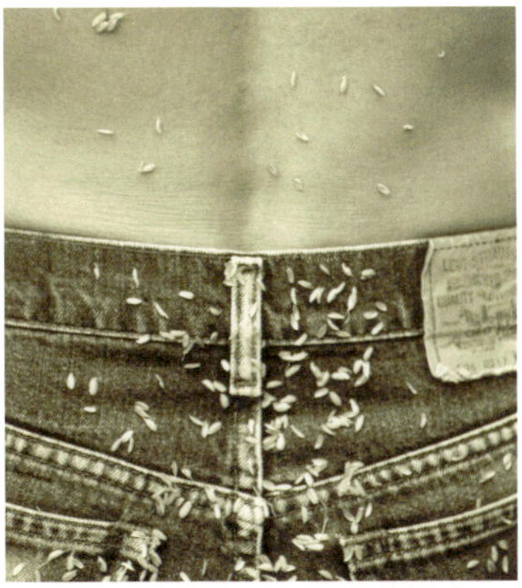

V-19　このモミ殻は、何の気なしに見たら、ついてしまったゴミと受けとってしまう。しかし、これもジュエリーと見てとれることが大事。

―― 授業 ――

もちろん、こういう活動だけではない。彼の授業は充実したものだった。よく小説を読ませ、その中から作品をつくらせていた。小説を読むことは、学生達を内省させるにはとてもよい教材だった。

その頃よく学生に言っていた。「言葉で自分の作品を語れないなら、物づくりなんか止めてしまえ」。学生にしてみれば、「言葉で語れないものがあるから、物づくりを目指しているのに」と思っていたに違いない。

しかし、現代美術や、現代ジュエリーをやっていこうとしたら言葉は必然だ。作品を見ただけで分かることは少ない。それは解説ではなく、作品本体の部分をつくりあげる。

ジュエリーを人の根源的なものととらえていくなら、物の見方も変えていかなければならない。「ジュエリーとは」という問いかけもよく行なっていた。そのビジュアルな作品の1つが学生の小寺智子の作品、**V-17**だ。

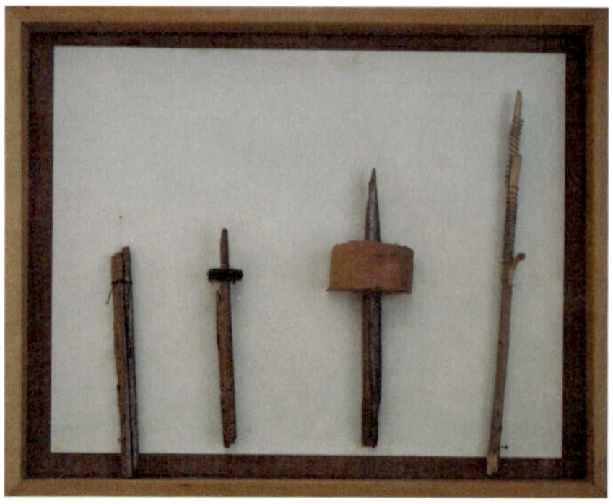

V-20 当時の学生、萱場なおみの作品。「ジャンク・ジュエリー」の中でも、木材の破片を使って優れた作品をつくった。

このV-17は、普通の人にはモミ殻がゴミにしか見えない。そのアップがV-18だ。V-19も、米のモミ殻だ。これを単にジーンズについたモミ殻ととるか、ジュエリーと見るか、その人の価値観による。この発展には雨粒や染《し》みでさえ、ジュエリーとなり得ることを表わしている。

―ジャンク・ジュエリー―

授業の中でも、「ジャンク・ジュエリー」という分野を確立したことは大きい。ジャンクと言われる町のゴミを大量に教室に持ち込んで、その中からジュエリーをつくっていくのだ。

ジュエリーは高価なものという一般イメージを壊すには、ジャンクからもジュエリーをつくれることを具体的に示すよい機会だし、学生達にとっても短時間で物の価値の変換—ゴミがジュエリーとして姿を変えていく—を体得するにも、造形演習としても、とてもよい。こういう試みは個人的に行なう人はいたが、現代ジュエリーの大きな分野としてとりあげたのは彼が初めてだし、ジュエリーの教育カリキュラムとしても、これを確立した功績は大きい。

それらの具体的な作品例が、V-20からV-23だ。このほかにも優れた作品は数多くあった。

V-20は、廃材が大きな存在感を持っているし、V-21は商店街のふきだまりから生き返ったものだし、V-22は、軍手の指の部分を切ったり、焦がしたりしてつくられた指輪だ。V-23

V-21 学生、小西潤の作品。商店街の飾りからのゴミ等で構成。

V-22 学生、安藤日出子の作品。軍手の指の部分を切って、燃やしたり、ほどいたり、くるめたりしてつくった指輪。

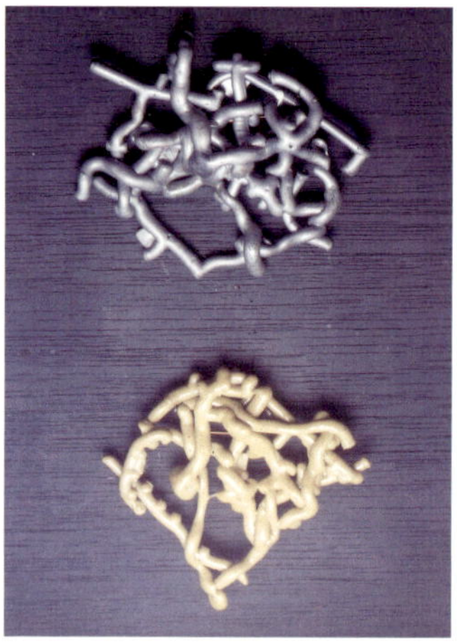

V-23 学生、森田健太郎の作品。プラスチックの組み立て模型の湯道をドライヤーで溶かしながら、このブローチにまとめた。

V-24 3校(アムステルダム、ミュンヘン、東京)の学生合同展。1993年

は、プラスチックの組み立ておもちゃの湯道—普通、全体がプラスチックの一発鋳造となっている外枠—だ。これをドライヤーで溶かしながら、これだけのブローチにつくりあげている。

「環境ジュエリー」「ジャンク・ジュエリー」と並んで、もう1つ彼の大きな教育上の成果は、国際化という点だ。つまり、学生の目を世界に向けさせたことだ。

—三校合同展—

具体的に言うと、今でも行なわれている「三校合同展」で表わされている。オランダ、アムステルダムのリートフェルト・アカデミー(オランダの名門美術大学、今もってここのジュエリー科は、連綿と有名なジュエリーデザイナーを輩出している)、ドイツ、ミュンヘンのビルデンデン・クンスト・アカデミー(やはりドイツの名門美術大学、ジュエリー科はヘルマン・ユンガー、オットー・クンツリと続く名教授で、ジュエリー作家を育てている)、そして東京のヒコ・みづのジュエリーカレッジの3校の学生達による三校合同展だ。

しかもこれが、学生達が中心となって行なわれている。日本で海外研修というと、その大学を2〜3時間で見せてもらうというレベルがふつうだ。そんな表面的なものでなく、お互いの作品、それも学生達の合同展示会を、順次3都市、アムステルダム、ミュンヘン、東京で学生達が集合しながら行なうのだ。しかも作品展だけではない。作品のお互いによる講評会も行なうし、野外での環境ジュエリーのようなアクティビティーも行なう。今では学生同士の家にホーム・ステイすることも多い。

大学も含めて日本の教育を考えてみると、このようなことは今もって行なわれていないのが現状だ。

そのことは差し置いても、学生に与える影響はとても大きい。まず自分達のレベルが世界の中で、どのくらいなのかが分かってくる。

3国をお互いに訪ねることによって、自分が日本人よりも世界人という意識が強くなってくる。この合同展を体験した学生は、その後たいていヨーロッパに留学して行く。また、現在ヨーロッパで活躍しているオランダ、ドイツの作家は、学生時代、この合同展を経験している人が多い。**V-24**は、その展示会の様子、**V-25**は講評会、この時は丸一日行なっていた。**V-26**は、親睦会での餅つき大会だ。

Ⅵ イコン、幻木《まほろぎ》、嗜欲《しよく》の器

—イコン—

さて、伊藤の作家活動に話を戻そう。彼にとって、学校の講師になったことは、学生と制作の場という二重の喜びを得ることとなった。それは高校、大学時代と目指した現代作家としての活動もある程度、試みら

V-25 3校の学生によるお互いの作品講評会。
これは丸一日がかりで行なわれた。

V-26 親睦会での餅つき風景。

Ⅵ-1 「イコン」の写真をケースの下に入れ、その上にキリスト教にちなんだ作品を置いた作品群。この量のエネルギーを見て欲しい。

Ⅵ-2 Ⅵ-1のアップ写真。作品のタイトルは、「心象としてのイコン、渡辺英俊氏によせて」となっている。

Ⅵ-3 「九つの精霊達」というタイトルの作品。この中に割箸でつくった十字架を、金で鋳造したものがある。

れるようにもなったからだ。

その始まりは、「イコン」という作品シリーズに始まる。イコンとは一般にロシアのキリスト教の聖画を指すが、洗礼を受けた伊藤は、キリスト教にも深い造詣をもっていた。また、実際によく教会にも通っていたし、そこで人生の師と仰ぐ、前述の渡辺英俊氏とも出会っている。

その結果が、**Ⅵ-1**のような大きな作品を生み出すことになる。これは、**Ⅵ-2**に見られるように、イコンのコピーをケースの下敷に、その上に**Ⅵ-3**に見られる十字架等(これらは割り箸をブロンズや、金で鋳造したりした)を配したものだ。これら1つひとつが木箱におさめられ、その数十のケースが、「心象としてのイコン、渡辺英俊氏によせて」というタイトルになっている。

Ⅵ-3には、「九つの精霊たち」というタイトルがついている。割り箸を無造作に折った物や、木の皮、草、紙等を鋳造したものだ。

この時の制作時でも、学校でよく

VI-4　木片１つひとつからつくられたネックレス。制作中は教室中にこの木片が散乱していた。タイトルは「幻木」。

VI-5　VI-4は、この台の上につくられた。ジュエリーのロウ付けの時に使うカラゲ線で留められている。

鋳造失敗を繰り返したり、イコンの本を見ていた伊藤の姿を思い出す。

──幻木《まほろぎ》──

その次のシリーズとなったのが、「幻木《まほろぎ》」だ。VI-4からVI-7に見られるように、木片と見るべきか、木屑とも見えそうな、それらの集合体のジュエリーだ。

VI-4は、比較的大きな、厚い木片をロウ付けに使うカラゲ線で、下の木台、VI-5に結びつけている。

VI-6は一転して、か細い、長い木片をつなぎ合わせたネックレスだ。VI-7は、'06年の近代美術館で展示された、迫力のあるネックレスだ。

彼の父は大工さんだったし、祖父も大工さんだった。それだけに木への思いは特別なものだったろう。その血を受け継いで、抜群に器用な腕の持主だった。この時も毎晩、教室中をカンナ屑や木片だらけにして取り組んでいた情景を思い起こす。これらの作品は実にユニークで、日本よりもヨーロッパで大きく認められる作品となった。

前述のロンドン、「エレクトラム・

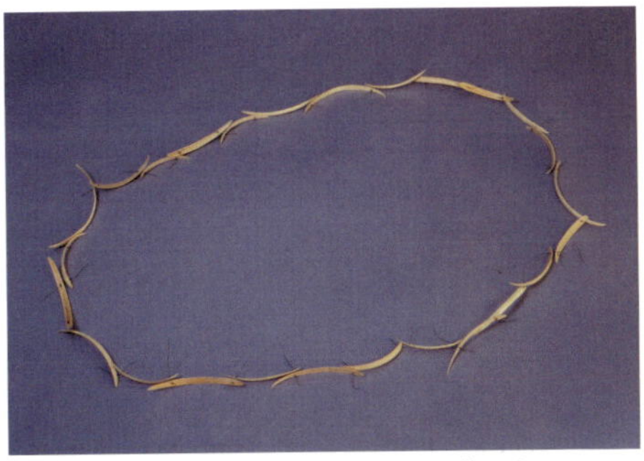

VI-6　木片からのネックレス。この作品は、このように、か細い。「幻木展」はメルボルンで行なわれ、当地でも深い感銘を与えた。

VI-7　捨てて、燃やされてしまう木片から、これだけのジュエリー・シリーズをつくり出す彼の力量に、あらためて脱帽する。

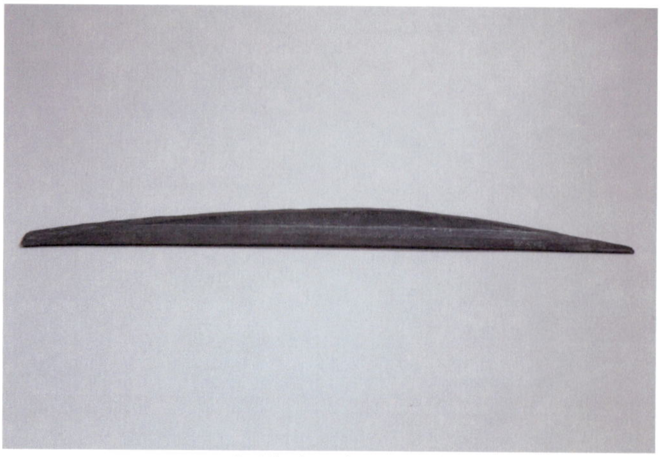

Ⅵ-8 これは彼の息子、新君の木刀を割った1片に、亜鉛の膜を貼りつけたブローチ。木刀に目をつけ、それを金属と融合させるところが彼の才能だ。全長26cm。

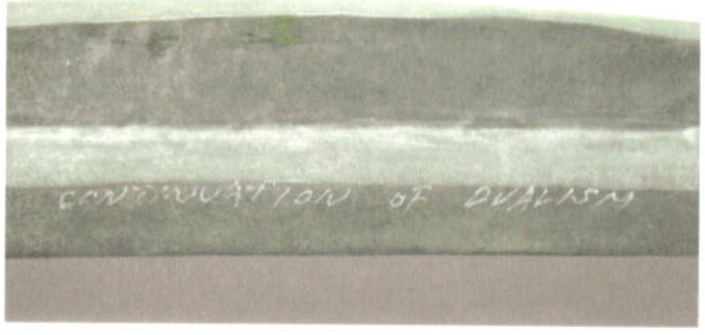

Ⅵ-9 これは、よく見ないと気がつかない作品の名「continuation of dualism」。

ギャラリー」のバーバラさんの書いた「20世紀のジュエリー」という本の中でも、1頁を飾る写真として、とりあげられているし、オーストラリアのメルボルンの個展でも大きな評価を得た。

——木刀と亜鉛——

その発展が、**Ⅵ-8**、**9**に見られるzinc（ジンク、亜鉛）の作品ともなる。**Ⅵ-8**は、約26cm位の長さの作品だ。この作品は、中の芯を彼の息子の新君《あらた》の木刀を裂いてつくられた。それに亜鉛の膜を貼りつけたのだ。

Ⅵ-9で、その作品名のアップを見ると、「continuation of dualism」と書いてある。こういう作品にタイトルをつけ、それを分からないようにしたのも彼らしい。**Ⅵ-8**は、26cm位のものだが、これを色々な長さのブローチにつくりあげ、その1つひとつを、**Ⅵ-10**のような大きなガラスケースの中に無造作に立てかけ、見る者に対して、また別の空間や考えを投げかけるのが、彼の持っている現代美術の感覚なのだ。

——嗜欲《しよく》の器——

彼が次の作品に跳べるようになったきっかけは、「嗜欲《しよく》の器展グループ」に参加したことだ。このグループは、当時の東京国立近代美術館の樋田豊次郎氏を中心にしたものだ。この展示会の挨拶にも書いてある通り、「生きるための根元的な欲望が嗜欲だ。その欲望を表現する器は、その媒体だ」と述べている。

彼はこの展示会でも木をとりあげている。その作品が、**Ⅵ-11**、**12**だ。**Ⅵ-11**の木材は、実はお風呂屋さんからもらい受けたものだ。これは縦の長さが2mはある。**Ⅵ-12**で、中央に器の形がくりぬいてあるところを見て欲しい。彼がお風呂屋さんの木材をこのように呈示すると、それは本来の機能や目的を離れて、それそのものの存在感を発揮し始める。**Ⅵ-13**、

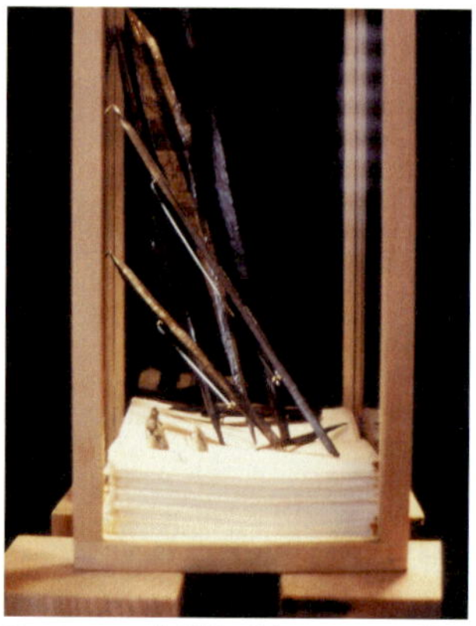

Ⅵ-10 Ⅵ-8の作品は、長さ10～40cm位まで数多くつくられた。それをガラスケースに封じ込めたもの。下は和紙の厚い層。彼はジュエリーと現代美術を自由に往き来していた。

Ⅵ-11 お風呂屋さんからもらい受けた木材を1つの塊とした。これがⅥ-12のようになっていく。

Ⅵ-12 グループ展「嗜欲の器」に出品されたもの。Ⅵ-11の中央が削り取られ、器の様子を成している。

Ⅵ-13 Ⅵ-12の中央から削り出したペンダントが、一緒に削り出された屑のベッドに寝かされている。シーツは厚く敷かれた麻布。全体はガラスケース。

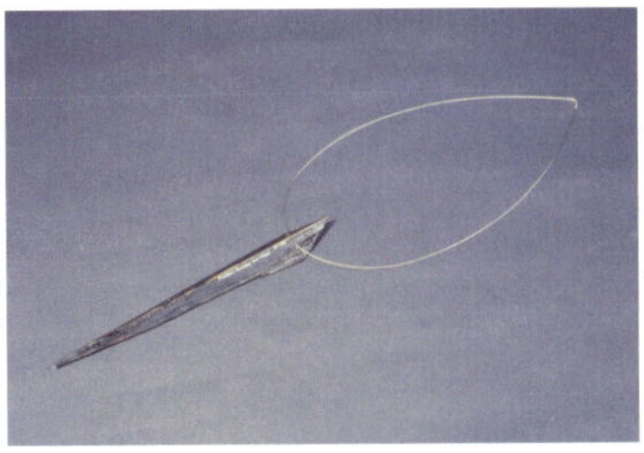

Ⅵ-14 Ⅵ-13の本体のみの写真。亜鉛の膜が貼ってある。

14も同じ展示会に出品されたものだ。**Ⅵ-13**も長さは1.5mはある。大きな透明なガラスケースに、**Ⅵ-12**のおが屑を詰め、その上に麻布を敷き、中央に廃材から削り取った木片のジュエリーを吊っている。

Ⅶ-1 1辺40cmの四角い木枠に白いワックスを詰め、そこにプラチナ線と拾ってきた鉄線が埋め込まれている。

Ⅶ ワックスの中の廃材鉄線

Ⅶ-1は、次のシリーズとなった作品だ。1辺40cm位の四角い枠の中にろうそくの白いワックスが流し込まれ、その中には、鉄線とプラチナ線でつくられたブレスレットが埋め込まれている。

Ⅶ-2が、その中央部のアップ写真だ。このプラチナは999.9、つまり純プラチナと呼ばれる純度の高いプラチナだ。

これはベルギーのゲント美術館で開催された、「日本のコンテンポラリージュエリー展」に出品されたものだ。このろうそくワックスの中からブレスレットを取り出すという行為も、大きな意味を持っている。そ

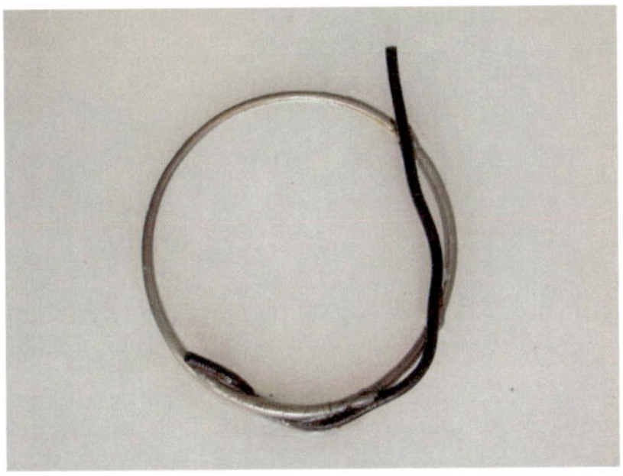

Ⅶ-2 作品をとりあげるとジュエリーとなるが、もう同じ形にはおさめられない。タイトル「我、山に向いて目をあげる」という聖書の一句。

Ⅶ-3 ベルギー、「ソフイ・ラチェット・ギャラリー」に置いてある作品。下の段ボールの椅子とのマッチングが面白い。

れがジュエリーとなる瞬間だ。しかも取り出した跡は、かなり偶然な形となり、それも空虚な存在感を持つ。もう一度戻そうとしたら、その最初の痕跡は消えてしまう。ろうそくワックス、鉄、プラチナ、この3つの素材の組み合わせにはうならされる。例えば、この二重や三重に巻かれた鉄線が工事現場に落ちていたら、どうだろう。私達は、それを誰かが余った、いらないから捨てたのだろうと受けとってしまう。しかしそれが、このようにワックスの中に埋め込まれた時点で全く別の価値、美術としての価値を持ってしまう。しかもプラチナ線と絡ませることでジュエリーの要素を持たせた。この鉄線の美しさをもう一度見てくれ、と言っているようだ。その引き立て役はろうそくワックスであり、ワックスもまた、鉄線とプラチナ線によって明確な価値観を持たせている。「もの派」の洗礼を受けてきた伊藤の作品らしい。彼はこの作品に、聖書から引用して、「我、山に向いて目をあげる」というタイトルをつけている。

Ⅶ-3はベルギーの「ソフィ・ラチェット・ギャラリー」のオーナーの自宅に飾られていた伊藤の作品だ。

段ボールの椅子との組み合わせが面白い。左隣の白い布はうるさいが、この中にはテレビが隠されている。ソフィが露出するのが嫌で、臨時に白布をかけたのだ。

Ⅷ 最後の遺作

——和弓の弦と純金線——

彼の最後の作品と言ってもよいのが、**Ⅷ-1～4**までのシリーズだ。素材は和弓の弦から取った麻糸と24金線だ。人類は綿の服よりも早く麻服を着ていたのだが(麻の服はごわごわ

Ⅷ-1　ブレスレット。和弓の弦という古典的な素材と、1gで富士山の高さまで引き延ばせるハイテク技術の金の素材の組み合わせ。

Ⅷ-2　このシリーズは、いくつもあるのだが、Ⅷ-1、2の2点で、十分に彼の力量を知ることが出来る。

と着心地は悪く、綿の服はやわらかく、昔はとても珍重された)、その原始的な麻と、1gで富士山の高さにまで引き延ばせる、24金の糸との組み合わせの作品だ。現代科学の枠と、古典的価値を持つ麻の取り合わせと言ってもよい。

この作品を木枠に入れ、背景に彼の親しい人々を配置したのが、Ⅷ-3、4だ。このシリーズのタイトルは、「輪」。家族や、親しい友人達との輪だ。親しい人々をわざとピントをぼかした写真にトレーシング・ペーパーがかけてある。誰だかはっきり分からないようにという配慮と、彼がこれらの人々と別れなければならない時が近いことを知っていて、涙と共に見た姿を再現しているともいえる。

1つ前のシリーズ作品が男性的であるとすれば、これはかなりやさしい女性的な作品と受けとれる。使っている写真が彼の親しい人ばかりなので、彼のやさしさ、そこにはキリスト的なやさしさがある—彼は言う、「私達は放っておけば排他的になる。

Ⅷ-3　純金糸と麻糸の作品を、それぞれ彼と関わりのある人々の写真とで組み合わせた作品。

Ⅷ-4　学校の仲間の写真を下敷に、非常にやわらかいカーブが出ているネックレス。

Ⅷ-5 タイトルは「二つの指輪」となっているが、明らかに墓の形をしている。彼の教え子達のグループ展に出品。その小さなギャラリーは床、壁、天井まで、すべて段ボールで覆われていた。高さ1.2m。

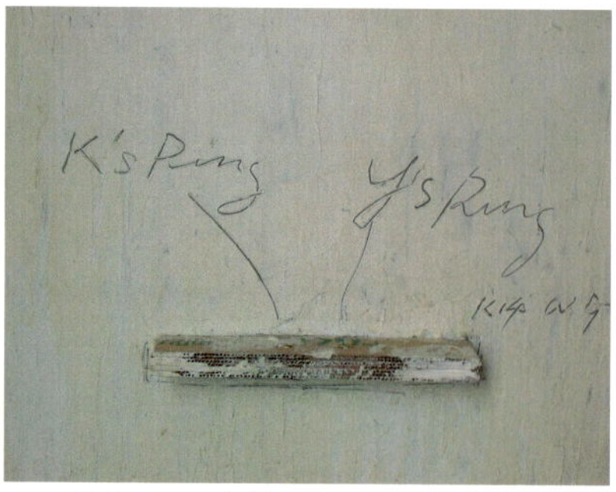

Ⅷ-6 Ⅷ-5の中央についている台。k'sとy'sとなっている。kazuhiroと奥さんのyokoの略だ。

Ⅷ-7 Ⅷ-5の左下コーナー。ここに「'97」のサインがあり、ふちは明らかに段ボールに着色していることが分かる。

だから、意識してやさしさを思わなければならない—」。

従ってこの作品は、写真に写った本人達が持っていることが多い。私の部屋に飾ってあった作品は３点あったが、１点は本校職員本人が写っているもので、本人がどうしてもゆずり受けたいと言って、持っていかれてしまった。東京の竹橋にある近代美術館でも所蔵品となっているのが、Ⅷ-3、4の流れの作品だ。

—最後のグループ展—

これらの作品が完成された翌年、彼の教え子達とのグループ展が新橋のギャラリー「いそがや」で行なわれることになっていた。その展示がすごいもので、ギャラリーの床といわず、壁といわず、天井といわず、すべての面を段ボールで覆ってしまった中での展示だった。そこに彼は、「二つの指輪」と題する作品を出品した。それがⅧ-5だ。高さは約1.2m位ある。そして、その中央には、奥さんの洋子さんと彼のマリッジリングが２本置いてあった(Ⅷ-6)。上部には十字架もつくられている。それにも増して彼の力量を示しているのは、この作品全体がギャラリーの展示に合わせ、段ボールでつくられていることだ。それをⅧ-7で見て欲しい。

この展示会の直後に彼は急逝するのだが、正に彼は自分の運命を予測して(この時期、数年間彼の血圧は200を超えて、降圧剤を飲んだり、止めたりして体調をとても崩していた)、自分の墓をつくったとしか思えない。

この作品を最後として、彼は48歳の生涯を閉じる。

彼がこの頃、語っていた言葉に、次のようなものがある。明治維新の革命の志士達についてだ。「ああいう風にしか生きることが出来なかったのですよ」。

CONTEMPORARY JEWELRY

【ニュージーランドの作家】

ワーウィック・フリーマン
Warwick Freeman

I スター（1）

ワーウィック・フリーマンと会ってから、もう10年以上経つ。

ニュージーランド(以後、NZと表記)からやって来た彼の作品の中で、最初で、しかも今も最も印象に残っているのが、**I-1**の「スター(星)」のブローチだ。これは、素材としては白《しろ》蝶真珠《ちょうしんじゅ》を産み出す貝—白蝶貝《しろちょうかい》を使っている。もし、これがデパートの1階の特売場にあったら、完全に安物のブローチにしか見えないだろう。

しかし、これからの話をゆっくりと聞いてもらいたい。

まず、この星の形は**I-2**の4本の指でつくられる星形の空間からきている。これを彼は「空の共有(share of sky)」と名づけている。つまり、この4本の指で囲われる空を共有しようよ、と言いたかったのだ。また、別名を「ウンガタリンガ・スター」とも言っている。彼の家はオークランドのウンガタリンガ湾の近くにある。夕方になると、そこに南十字星が昇ってくるのだ。その南十字星をも、このスターは意味している。その写真が**I-3**だ。筆者は、彼からこの湾のことを聞いていたので、わざわざ写真を撮りに行ってみた。

彼はまた、この星形のテーマで、本もつくっている。かなりプライベートな本で、**I-4**がその1頁(部分)だが、毎日1回、彼はこの筆でこの星を中心に浮かびあがらせるのだ。ほとんど無意識に、4回筆を紙に垂直におろし、この形をつくって本にしたのだ。そこには、その日の彼の微妙な心情やもろもろのものも表現されているはずだ。日本の現代美術作家、河原温も毎日1回、その日の日付だけをキャンバスに描いている作品があって、海外の評価も高い(1年経てば、365枚のキャンバスとなる)。

さて、この作品のふちはギザギザとなっていて、赤い塗料(オーク)が塗られている。これは彼が、オークランド美術館で見た太平洋の貝の装飾品からとったアイディアだ。ギザギザそのものは、ダイヤモンド・カッ

I-1　フリーマンの代表作。白蝶貝でつくられたブローチ。

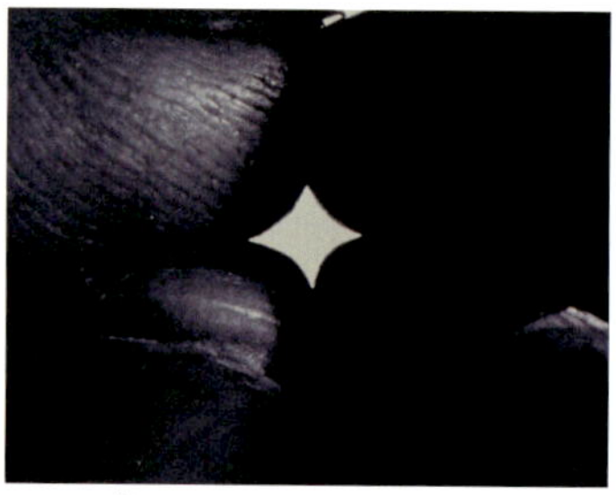

I-2　指でつくられ、「空の共有(share of sky)」と名づけられた空間。この形から「スター」は生まれた。

I-3　NZ、オークランドのウンガタリンガ湾。ここに昇ってくる南十字星をも、「スター」は暗示している。

I-4　一日1回、無の境地となって、紙に垂直に4回筆をおろし、つくったスター。1冊の本になっている。これはその部分だ。

I-5 「スター」の形を数多くつくるために考えられたステンシル。そのホワイト・スペースも形になることを発見。

I-6 I-5のホワイト・スペースより生まれた作品「カモメの星(Gull Star)」。中央はかもめの口先や、足の色を表わすジャスパー。

I-7 「ラティス(格子)」と呼ばれる牛の骨の作品。格子の交点にも星が生まれている。

ターと砥石でつくっている。

彼はこれを数多くつくるために、**I-5**のようなステンシルをつくった。するとすぐにそのネガティブ・スペース(星を切り抜いた後に残る空間)も使えることに気がついた。それが**I-6**だ。これは「カモメの星(Gull Star)」と名づけられ、中央にジャスパーが四角に切ってある。この色はカモメの足やくちばしの色を表わしている。**I-7**の「ラティス(格子)」のブローチも、この格子の交点には小さなスターが生まれている。

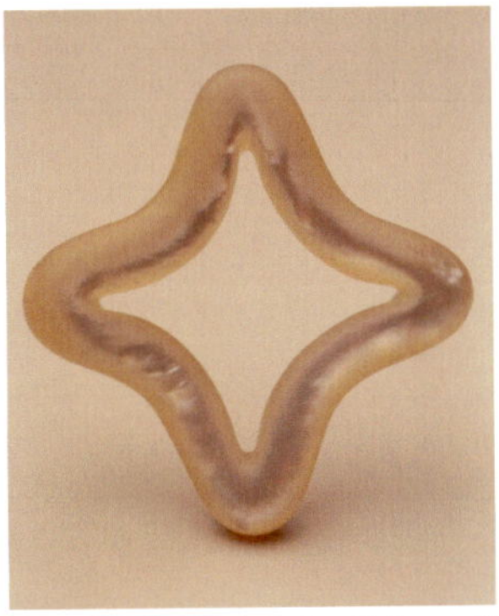

I-8 タイトルは「ソフト・スター」。白蝶貝より加工。この頃、スター・シリーズは彼のメイン・テーマとなってきている。

I スター(2)

このように展開していくうちに、毎年色々な星バージョンをつくっていったので、いつの間にか彼の主なモチーフ、個人ブランドにもなっていった。**I-8**は、「ソフト・スター」と名づけられた星で、白蝶貝のピンクタダ・マキシマという貝から削り出してつくった。このスターの人物写真が**I-9**だが、すばらしい写真となっている。彼も、このカタログ「オーナー

I-9 「ソフト・スター」をつけた人物、トリッシャ。最新カタログ「オーナーズ・マニュアル」の1頁。ビールの「ミラー」のロゴがアイディアの源。

I-10 チェース・マンハッタン銀行のロゴがアイディアのスター。「ハード・スター」と題されている。

I-11「ハード・スター」を身につけているマックス。背景はマオリ族の作品を数多く所蔵するオークランド美術館。

ズ・マニュアル」の本の帯に、この写真を採用している。このオリジナルは、ビールの「ミラー」のロゴからとったものだ。また、ニューヨークの「チェース・マンハッタン銀行」のロゴ(どちらのロゴもインターネットで、その原形を見ることが出来る)は、**I-10**のステンレス・スティールでつくられた、「ハード・スター」となった。このスターの人物写真が、**I-11**であり、その後ろに写っているのがマオリ作品を多く所蔵するオークランド美術館だ。I-**12**は、「グリーン・スター」と名づけられている。多分、蛇紋岩《じゃもんがん》系のネフライトだと思う。

ネフライトという石は、NZでは特別な意味がある。それはNZに行ってみるとひしひしと感じることだ。マオリ(NZの先住民族)の生活、特に宗教上の装飾品に多く使われている。それはかつての中国人のヒスイと全く同じほどの価値を持っている。これから述べていく、フリーマンの作品にも多く使われるが、ありとあらゆる場所で、このネフライト加工品を見ることが出来る。NZでは一言でジェイド(Jade)、またはグリーン・ストーンとも呼ばれるが、鉱物学的、宝石学的には、ジェイドとネフライトは違うものだ。一般的には、ジェイドは世界的にも産地がミャンマー等に限られ、その美しさのゆえに高価だ。一方で、ネフライトは世界の各地で大量に採れ、その地名をとって、台湾ヒスイとか、カナダヒスイとか呼ばれている。しかしここNZでは、ネフライトはもっと神聖な意味を持ってくる。マオリ族の作品にも優れたものが多い。

さて、**I-13**の写真は、この「グリーン・スター」を身につけたジュリア、彼女は画家だ。これまで何枚か、フリーマンの作品を身につけた人物写真を紹介したが、これらは彼のカタログから撮っている。

このカタログのタイトルは、先に紹介した「オーナーズ・マニュアル」だ。ジュエリーを身につけた人物と風景写真としては非常に優れたものだ。登場する人物は彼の作品を買った人、贈られた人、何らかで彼の作品に関係している人達だ。例えば、テレビや映画の脚本家だったり、陶芸家であったり、このカタログのカメラ

I-12 タイトルは「グリーン・スター」。ネフライト製。ネフライトは、NZではとても重要な石だ。

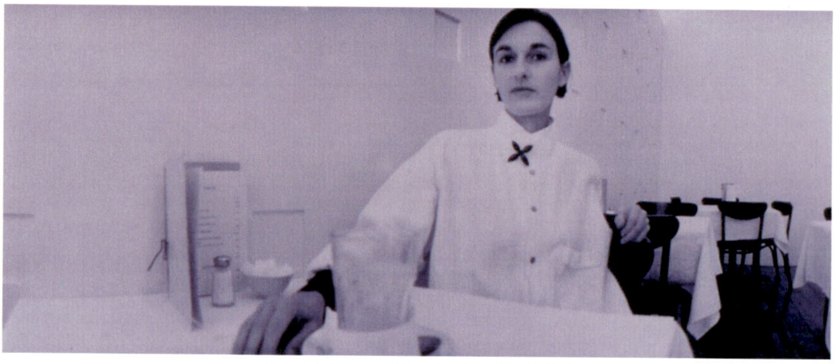

I-13 フリーマンの作品のコレクターでもあるNZの画家ジュリア。写真はレストランで撮られている。

I-14「スター」と彼のもう１つのシリーズ、ハートを組み合わせた作品。ハート形は黒くいぶした銀の粒で、先には金がついている。

I-15　I-14を身につけたジョンは陶芸作家で、フリーマンのビッグ・コレクター。背景に選んだタイルの壁もよい。

マンだったり、俳優であったりする。

カタログのタイトル名もすばらしい。「owner's manual」とは、製品の取扱い説明書という意味だが、内容にぴったりのタイトルだ。

I スター（3）

I-14は、この星にビーズを絡ませた作品だ。このビーズは黒くいぶされた銀だが、ハート形をしている。１番先には金がついているのが見えるだろうか。**I-15**はこれを身につけた人物写真だが、背景といい、人物の所作といい、とてもよい写真となっている。彼は陶芸作家で、長年フリーマンの作品を集め、ビッグ・コレクターとなっている。この後に出てくる、**I-21**を身につけた彼女は、彼の奥さんだ（**I-22**）。

I-16は、「フラワー・スター」と題されている。四辺は貝、中央は茶のジャスパー、それを金枠で囲っている。**I-17**はその人物だ。背景は彼女の家だろうか。普通、電線は写真にとってやっかいなものだが、ここではそれも様になっている。右端に道路まで写っているのが見えるだろうか。

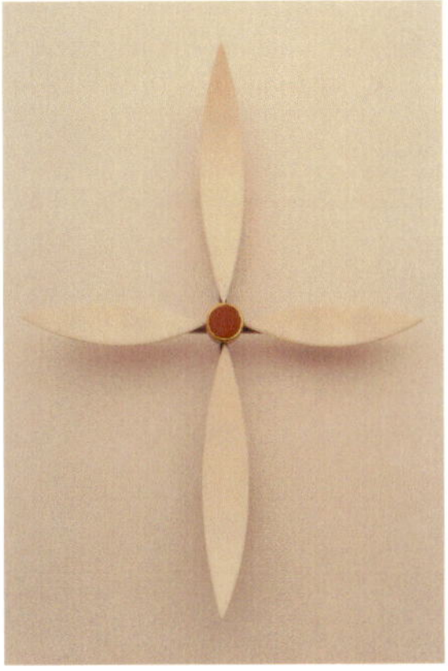

I-16 タイトルは「フラワー・スター」。四辺は貝、中央は茶のジャスパー。

I-17「フラワー・スター」をつけた人物マリー。普通ジュエリーの人物写真はアップなのだが、これは広角レンズで作品、人物、風景が一体となっている。

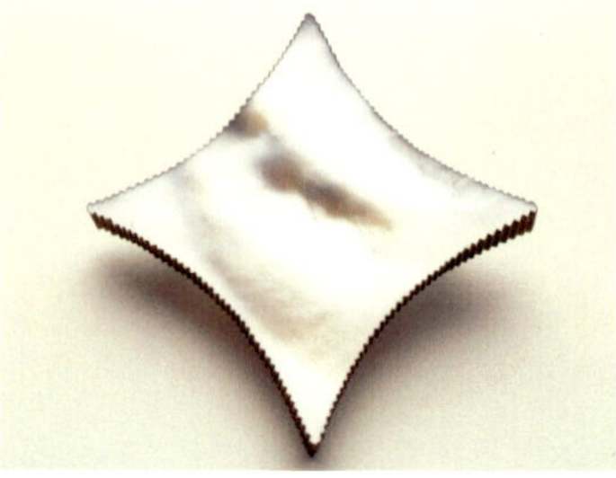

I-18「ラージ・スター」。オランダのギャラリー「ラ」で行なわれた、彼のヨーロッパで最初の個展のためにつくられた。

I-19 彼はこれをハワイの「レイ」と名づけ、彼の最初の個展に来る人々に歓迎の意を表わした。

彼がこれらのスター・シリーズを公にしたのは、オランダ、アムステルダムのギャラリー「ラ」だった。その時シンボルとしてつくられたのが「大きな星(Large Star)」だ(**I-18**)。これは大きくて、約60mmある。

I-19は、このスターのレイだが、レイとはハワイで人を迎える時、歓迎の意味を表わす大きなネックレスだ。彼は自分の国とは反対側にある、このアムステルダムの人々をどう自分の展示会に歓迎したらよいのか考えていたところだったので、ぴったりのレイとなったのだ。その時のもう1つのレイが、**I-20**の溶岩でつくられたハートのネックレスだ。これはまた別のシリーズなので、後で詳しく述べる。

フリーマンは、この「レイ」と名づけた点について、「2つのネックレスは、それ以前は単にネックレスだった。しかし初対面での歓迎を意味する、南太平洋の習慣の名をつけた途端に特別の意味を持つようになった」と。

最後の**I-21**は、同じく星とハートをシルバーの中につくり込み、南十字星を表わしたものだ。赤い部分はペイントが入っている。南十字星はNZが発見される時代、つまり、キャプテンクックの時代には、航海上不可欠な目印だった。そのおかげで、

I-20 これも歓迎の意を表わすレイで、ラバ(溶岩)をハート形に削り出し、ガス穴に塗料を入れている。

I-21 全体を南十字星の形とし、ハートとスターの部分はシルバー。間のつなぎは、いぶし銀で出来ている。

I-22　I-21を身につけているのは、I-15の彼の奥さんアンヌだ。これもNZの風景と人物と作品が、一体となっている。

NZは発見されたと言ってもよい。

I-22は、海岸でこのブローチを身につけている女性だ。彼女は**I-15**で紹介した陶芸家の奥さんで、２人でフリーマンの作品コレクターとなっている。いかに彼の作品が、NZの人々の間に好まれているかが分かる。

さて、ここまでの写真とその文を読んでみて、最初に述べたデパートの特売品の話を思い出して欲しい。これだけの背景を聞いたら、とても特売品とは思えない。しかも、スターをよく見ると、サイドがギザギザとなっていて、赤い色が塗ってある。これも多分マオリのジュエリーの影響とNZの地質の特徴を表わしている。しかし、最初の１個だけを見たら、ここまでの理解は難しい。一作家の１個の作品を見ただけでの判断の難しさはここにある。

Ⅱ 初期の作品－1990年以前－

── パウア・シェル ──

さて、スターの話が一段落したところで、1980年代初めの作品に戻ってみよう。

Ⅱ-1は、貝―パウア・シェルと呼ばれ、日本のアワビに似ている光沢を持つネフライトと並んで、マオリの装身具によく使われる―とプラスチック円盤を組み合わせたネックレスだ。これだけ見れば、「学生の作品かな、プラスチックと貝を合わせて」と思うかも知れない。

しかし彼はこう考えている。プラスチックは1980年代に普及してきた。

Ⅱ-1　パウア・シェルは、このネックレスがNZのものであることを示し、プラスチックは、1980年代のプラスチック時代を表わしている。

Ⅱ-2　マオリ族の文化の象徴であるパウア・シェルに、白人文化を象徴するプラスチックが深く食い込んでいる。

Ⅱ-3　パウア・シェルのふちのみでつくられた。自然物の中の形を彼が発見し、それを再構築していく初期のもの。

Ⅱ-4　これもパウア・シェルのブレスレット。この枚数でカーブの合った貝を見つけることは難しい。

この作品に、これをつけることによって、この時代を表わし、同時に貝は、作品がつくられた土地、NZを示している。つまり、年代と土地を、この作品で示したかったのだろう。

Ⅱ-2は、素材の組み合わせが**Ⅱ-1**と似ている。彼がダウズ美術館で行なわれる、「太平洋装飾芸術展」に出品するために、古い民族品を選定する仕事を頼まれた時につくったものだ。

彼は、優れた民族芸術品が美術館にどんどんしまい込まれてしまうことを残念に思っていたし、マオリの文化自体も近代西欧文明によって侵食されることも憂えていた。

そんなわけで、貝の中央部分に、現代プラスチックが深く侵入しているようにつくったのかも知れない。これが理由で、彼はこの作品を前述の展示会に出品したのだが、会期が終わったらすぐ引きあげてしまった。題名は「Breastplate」、胸の板とでも呼べるだろうか。

Ⅱ-3は、パウア・シェルのふちを使った作品だ。彼は自然物がもともと持っている自然の形を自分なりに発見し、その形から新しい作品をつくるということに熱中していた。これから紹介するいくつかの作品も、その賜物なのだが、これらの作品を集めた彼の最初のカタログのタイトルが、「与えられたもの(Given)」となっている。実に的を得たタイトルだ。それはまた、彼が自然から発見した形を採用する時、「取る(taken)」という言葉にもなっていく。

彼のライフ・ワークに近いこれらの作品をつくるようになったきっかけは、オークランドの博物館で見た先住民族のすばらしい作品群だった。現代ヨーロッパに引けをとらないすばらしい作品があったのだ。南太平洋、インドネシア、パプア・ニューギニアは特にそうだ。中でも装身具は、海のものを使い、服を着ない習慣もあって非常に発達してきた。

まだまだ日本では、目がヨーロッパやアメリカに向いていて、東南アジアの装身具が認められていないが、これから徐々に変化していくだろう。スイスのジュネーブには、東南アジア中心の美術館、バルビエ・ミューラー美術館がある。

さて、この**Ⅱ-3**のタイトルは「ホワイトバイト」、日本で言う魚のしらすの一種の名がついている。1片の形がそれに似ているからだ。

Ⅱ-5　NZの海岸とパウア・シェル。この貝はネフライトと並び、NZの文化、自然のものとして特別な地位を持っている。

Ⅱ-4もパウア・シェルからつくられているが、これをつくるのは容易ではない。この層を形成している1つひとつがうまく合わさってくれないと、ふぞろいのブレスレットとなってしまうからだ。自然界のものだから、カーブが合っているものを探し出すまでに、随分時間がかかっている。Ⅱ-1〜4までの作品に使われたパウア・シェルが、Ⅱ-5である。

―ラバ(溶岩)―

Ⅱ-6は、火山の溶岩の小片をつなぎ合わせたネックレスだ。それゆえ、「Flake Necklace」と名づけられている。彼の作品は、素材をNZの特徴あるものを選んでいる。それがネフライトや、パウア・シェル等なのだが、溶岩もまた彼の大事な素材だ。

NZは火山の国ともいえる。首都のオークランドの近くでも温泉に入れる。Ⅱ-7も溶岩の小さい塊を金で連ねて、ネックレスとしたものだ。

Ⅱ-8は、その溶岩をスライスし、円形につくったブローチだ。見た通

Ⅱ-6 「フレーク(薄片)・ネックレス」と題されている。ネフライト、パウア・シェルと並んで、ラバも彼の重要な素材だ。

Ⅱ-7 銀とラバのコンビネーションのネックレス。

Ⅱ-8 ラバのブローチ。無数の穴は爆発の時のガスの抜けた跡。もちろん、ラバをスライスしてつくった円盤ブローチ。

Ⅱ-9　Ⅱ-8と同じく、スライスしてハート形としたブローチ。赤い自動車用塗料を使っている。この石は「スコリア」と呼ばれ、建築資材等にも使われる。

Ⅱ-10　Ⅱ-9のタイトル「ランギトト・ハート」の命名は、この山の名からとった。

り、火山が爆発した時のガスの跡が穴となって残っている。

この溶岩も火山の中にある時は液体なので、火山ガスを含んでいる。それが冷えるに従って、ガスが抜けていくのだが、この**Ⅱ-8**のように、細かい穴となる時もあるし、大きな穴が所々に開いている時もある。オークランド地峡に行くと、この石はとても多く採れるので、土木や建設資材にも使われている。英語ではscoria（スコリア）と呼ばれ、排水溝の材料にもされている。私は歩道と車道を区別する縁石に使われているのをNZで見たことがある。彼はなぜこのような町のいたるところで見られる一般的な素材を使うかというと、その美しさをしっかりと認識して欲しいからだ、と言っている。それには、これくらいの大きさのブローチが最適なのだ。

リチャード・ロングも言っているが、一般的な材料や道具はシンプルな、ちょっとひねったアートを示してくれる、と述べている。

リチャード・ロングといえば、彼の作品のファンはとても多い。私の記憶している作品では、スペインで、地中海側からイギリス側のドーバー海峡まで歩き、その途中、乾いた大地にボトルから水をまきながら、その痕跡を写真に撮ったものだった。

さて、このガスの穴に赤いペイントを入れたのが**Ⅱ-9**だ。

骨、石、貝という言葉が'80年代のNZのジュエラーの間で、合言葉のようにはやった時期があった。実際NZのジュエリーは、ほとんどこの3つの素材を使っている。しかし彼のように素材の本質や、歴史的な、そして精神的な考察を行なっている作家は少ない。

次は、「ランギトト・ハート」と呼ばれるブローチだ。ランギトトとは土地の名で、マオリ語の「空からの血」という意味で、その写真が**Ⅱ-10**となっている。この場所はオークランドの近くにあり、かつては活火山だった。そこから採取した石を磨き、赤い自動車用塗料が塗ってあり、大きさは50×60mmある。

オットー・クンツリの章にある、あの大きいハートをとてもほめたのは、このフリーマンなのだ。

このハートを胸につけて、背景にランギトトが写っている写真、**Ⅱ-11**の人物がワーウィック・フリーマンだ。**Ⅱ-12**では、このカタログ「オーナーズ・マニュアル」のカメラマン、パトリックで、同じハートをつけている。

──スター・ハート、シルバー作品──

フリーマンを紹介したので、彼の家族の写真も紹介しよう。**Ⅱ-13**がそ

Ⅱ-11 人物はフリーマン、ジュエリーは「ランギトト・ブローチ」。背景にはランギトトが写っている。

Ⅱ-12 カタログ「オーナーズ・マニュアル」のカメラマン、パトリック・レイノルド。同じく「ランギトト・ブローチ」をつけている。

Ⅱ-13 中央はフリーマンの奥さんで、４人の娘がいる。この家族写真も、ジュエリーが存在し、背景にNZの海岸が写っている。

II-14 奥さんのつけているペンダントのシリーズ。彼の作品からブレーク・ダウンした商品に近いもの。

II-15 彼のメインテーマ、スターとラバのハートのブローチ。ハート下端に金がついている。

れで、中央が奥さんのナタリー、そして4人の娘達だ。奥さんが胸につけているのは、白蝶貝のペンダントだ。これらのかわいい作品群が**II-14**で、このカタログの巻末を飾っている。

そして、この溶岩のハートと彼のメインテーマのスターとドッキングした作品が**II-15**だ。これを身につけた人物が**II-16**となる、マリア・マルジャが彼女の名だが、テレビや映画の脚本を書いている。この写真で、その背景と共に彼女の仕事をもうかがわせる写真だ。

II-17は、NZの特徴である上の3つの自然物をシルバーで表現したものだ。特に1番上は、NZでフェーン(fern)と呼ばれるシダで、NZの自然界に入ると本当にどこでも力強く、これでもかというほど生育していて、国の花になるのももっともと、うなずかされてしまう。

ただし、彼の作品のシダの原形は、国花のシルバー・フェーンではなく、プイプイ・フェーンと呼ばれるもので、**II-18**は彼がこの作品をつくる時参考にした、ペーター・プライヤーの写真だ。

彼によると、羽根はワンガヌイ博物館に展示してある軍隊のバッジからつくり、中央の「魚(Fish)」は、かなり抽象的な形をとっている。これがつくられた当時、NZのアプライド・アートは魚のモチーフがとても多く使われていたので、具体的な魚の形をとりたくなかったのだ。しかし、この項の**II-3**のしらすのネックレスの関連の形だろう、と言っている。

彼が私の学校でスライド・レクチャーを行なった時、この画面で、「私もジュエリー作家なので、シルバーの作品をつくっているところを見せたかったのです」と言って、大

II-16 II-15のブローチをつけたマリア・マルジャ。彼女の職業は脚本家。彼女の仕草も背景も十分に、彼女の仕事と人となりを表現している。

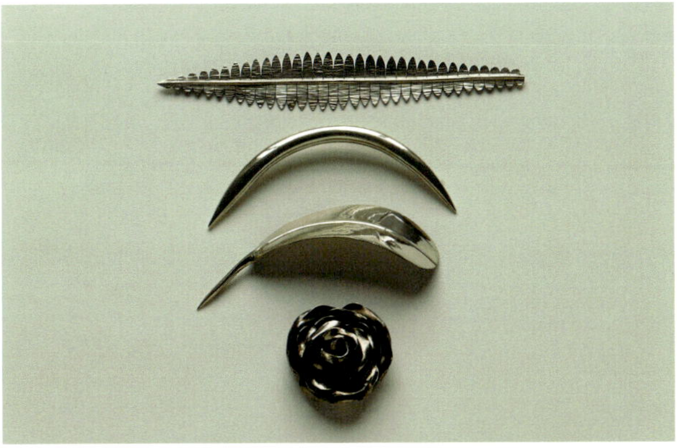

Ⅱ-17 上から、形はプイプイ・フェーンというシダの葉、2番目は魚の形、3番目は軍隊のバッジの羽根の形からとった。

Ⅱ-18 NZで国花ともいえるのがシダの一種のシルバー・フェーン。色々なモチーフとして使われる。この写真はプイプイ・フェーン、その勢いを見て欲しい。

いにみなを笑わせた。

Ⅲ 中期以降の作品—1990年以降—

—ジェムストーン・ブローチ—

Ⅲ-1がそのブローチだ。茶色や黄色の石はジャスパーかカーネリアン、白い石は白水晶であり、それをレジンで固めて、研ぎあげて平面としたものだ。彼はこれらを海岸に行って拾ってきている。

地球上の岩石の25%は石英で出来ている。石英の成分はSiO_2、二酸化硅素で、これが一度地中で溶けて、ゆっくり冷えて固まると、結晶となり水晶となる。これに色がつけば紫水晶(アメジスト)となり、鉄分が入ってくるとスモーキー・クオーツ、煙水晶や黄水晶となる。紅水晶も着色成分が違うだけだ。一方、そうゆっくりは冷却されないと、目に見えない細かい結晶となり、これがメノウとなる。このメノウ類は半透明なのだが、不純物(着色成分)が多くなると不透明となる。それをジャスパーと呼ぶ。ほとんどのきれいな赤や黄、緑の石はこのジャスパーなのだ。

このブローチの中には、こういった石英の顕晶《けんしょう》質(白水晶)、微晶《びしょう》質(メノウ、カーネリアン、そしてジャスパー)という兄弟達が一緒に固められている。

彼は自分の作品を振り返ってこう言っている。「このブローチや、溶岩を丸く、平たく磨いたブローチ等は、found object、自分が自然から見出したものとしては、とてもダイレクトなものだ。しかし一方で、ホタテ貝や、ムール貝のブローチは同じfound objectでも、それをよく読んで、シンプルな調整を行ない、作品に仕上げている。また一方で、釣針や黒い葉は、NZ文化の中に見つけたfound objectだ」と。

— 4 bits of fish (4つの魚の部分)—

Ⅲ-2の一連の作品を見て欲しい。1番左は魚の尻尾を表現している。

Ⅲ-1 赤い石はジャスパー、白は白水晶、メノウも入っている。地球上最も多い鉱物の石英類を集めて、レジンで固め、研磨した。

Ⅲ-2 左から、魚の尾(骨)、歯(鉄に金箔)、目(水晶と黒曜石)、ひれ(ステンレス・スティール)。

Ⅲ-3　Ⅲ-2の作品は、シドニーのギャラリーで展示された。人物はオーナーのパトリシア・アンダーソン。

素材は骨、それに赤い塗料を塗っている。長さは75mmある。2番目は魚の歯を表わし、鉄に金箔を貼っている。3番目はもちろん目だ。まわりの透明な部分はガラス、中央は黒曜石だ。黒曜石もまた火山の産物の1つだ。火山が爆発すると、その噴出物には、たいてい石英が混じっている。前にも触れたが、石英の成分は二酸化硅素、SiO_2で、これがいったん溶けて結晶すると、水晶やメノウとなり、結晶する時間もなく固まるとガラス質となり、一般に天然ガラスと呼ばれる。その黒いガラスを黒曜石と呼び、日本でも各地に産出し、その割れ口は、ガラス質特有の鋭利さを持つことから、石器時代はよく使われていた。

また、黒曜石と言っても、その成分が火山により違うので、黒曜石を分析すると、火山の所在が分かる。例えば、信州でよく見つかる黒曜石は九州、鹿児島近くの古代の火山の爆発によることが分かっている。もちろんNZでも採れる。彼はこの石を目に使ったが、日本でも昔は黒い美しい瞳を、「黒曜石のような瞳」と表現していた。

1番右は「ひれ(Fin)」で、これはステンレス・スティールを使っている。4つの作品ともやわらかい紐《ひも》で、ペンダントとなっている。この作品の展示はオーストラリアのシドニーのギャラリーで行なわれたが、Ⅲ-3の写真は、そのギャラリー・オーナーの、パトリシア・アンダーソンだ。フリーマンに、この作品をつくらせる契機となったのは、NZの北部への家族旅行だ。NZは2つの島からなり、地図でいう上部の島を北島、下を南島という。彼の住んでいるオークランドはNZの首都だが、北島のかなり北、つまり地図上は上部にある。

NZをマオリは、アオテアロアと呼ぶ。マオリの伝説では、半神半人がある日、アオテアロアを海から釣り

Ⅲ-4　彼が家族と一緒にピクニックに行った、Ⅲ-2をつくるきっかけとなった島。

Ⅲ-5　形は、現代の機能に十分なスティールの釣針を、わざと骨でつくったのだ。マオリの古来からの骨の釣針との対比だ。

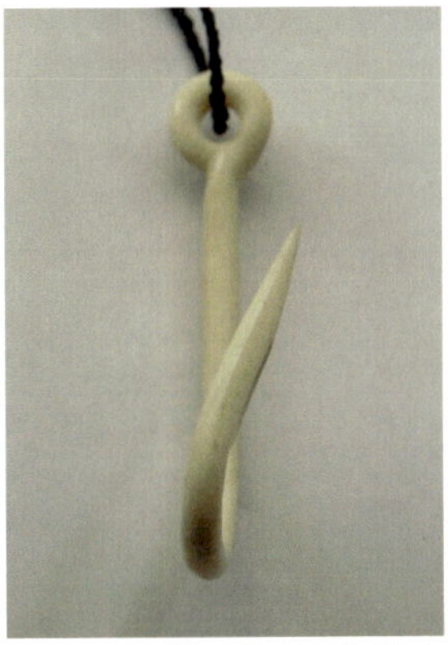

Ⅲ-6　Ⅲ-5を横から見ると、先がひねられている。ここが現代の釣針とマオリの釣針の違うところだ。

あげた、と伝えられている。言わば、とてつもない大きな魚だともいえる。そこで、その土地を地名でなく、動物の形になぞらえて呼んでみたらどうだろう、と彼は考えたのだ。家族の会話の中でも、あのマウイの魚(Te Ika a Maui)の尻尾の半分まで行ったらテントを張ろうとか言ってみる。そうして見ると、その場所は客観的な地名より、とても親しく思え、もっと進むと、その土地が自分のものとなり、支配しているようにも思えてくる。それがマオリの思想なのだ。この場所の写真が**Ⅲ-4**となる。

フリーマンは、NZではパケハ(Pakeha)、ヨーロッパ系ニュージーランド人と呼ばれている。だから、マオリの神話を聞いて育ってきたし、同時にヨーロッパのキング・アーサーや、白雪姫の物語も聞いている。それらがミックスされて、彼という人物となっているのだが、彼にはやはり、マオリの土地に生きている実感が強いのだ。

何日かの北部家族旅行の後、こんな思いを抱きながら、彼は魚の各部をジュエリーにつくり込んでくる。それが**Ⅲ-2**達なのだ。

― フック(釣針) ―

同時に彼は釣針もつくった。それが**Ⅲ-5**なのだ。これは現代のスティールの釣針をそのまま骨で、同じ形につくっている。マオリの作品の中に、釣針をテーマにしたものが多く、非常に装飾的なものになってしまって実用性はないのだが、彼は最も効果的、実用的な形である現代の釣針をマオリがするように骨でつくったのだ。これはかなり大きなもので、上下60mmある。しかも**Ⅲ-6**で分かるように、少しツイストしてつくってある。なかなか存在感のある作品だ。

― インシグニア ―

Ⅲ-7は「インシグニア(Insignia)」と名づけられた一連の作品だ。英語の意味は、地位や立場を示す勲章となっている。

Ⅲ-7　1990年代後半の彼の展示会の案内状。このように一列に並べてみると、その1つひとつが象形文字のように見え、彼の考えや環境を彷彿とさせる。

彼は'90年代後半、自分の展示会の時、招待状にこの一連の写真をつくってみたのだ。

これらの1つひとつのタイトルと素材を紹介すると、左より、「シールド」；砂岩と石英、「スポット」；ジャスパー、「カラハ・リーフ」；ネフライト、「アイ」；白蝶貝、「バード」；べっこう、「どくろ」；牛骨。こうして見てくると、これが象形文字を使った文章のように思えてきた。私達には、正に漢字の起源を思い起こさせるものであり、全く同感と思ってしまう。

そして当然のことながら、フリーマンがどこの、つまりNZの、アオテアロアの、どんな、例えばパケハであるとか、どんな考え、例えばNZの自然をどう受けとめているか、をも暗示してくるようになる。

このうちの左から3番目、「カラハ・リーフ」が**Ⅲ-8**だ。見て分かる通り、ネフライトで葉の形をしている。彼はこの外形をテンプレート(切抜型)にとり、ネフライトの表面に写しとってつくっている。カラハというのは木の名で、彼のスタジオのすぐ横に生えている木だ。

Ⅲ-8　このブローチの形は、彼のアトリエの窓から見えるカラハの木の葉だ。彼の仕事場の象形文字と言ってもよい。

フリーマンとしては、これで自分の仕事場を示す象形文字のつもりなのだろう。

ネフライトについては、もう一度書いておこう。マオリでネフライトを「Pounamu」、ポウナムと呼ぶ。不思議なことにNZの南島にしかない。それで南島をマオリ語で「Te Wai Pounamu」と呼ぶ。ポウナムの水という意味だ。NZでは、このマオリのグリーン・ストーン作品が12世紀位からつくられ、優れた作品が多いが、その理由は、部族間の争いがおさまって、和平条約を結ぶ時、家宝のポウナムを交換することにより、お互いの平和を確固とする習慣があったからだ。

―ブラック・リーフ(黒い葉)―

Ⅲ-9が、そのものであり、側面が**Ⅲ-10**となっている。その厚みを見て欲しい。

彼はこの作品では、以下のことを言いたいのだ。

「これは人類による森の破壊を示している。

NZは人類が入植した最後の陸地なのに、900年前に入植したポリネシア人も、ヨーロッパ人も森をどんどん焼いていき、今や人口1人当たりの森の面積では日本よりも少なくなってしまった。NZ人口はたったの400

Ⅲ-9　彼が海岸でこの木片を見つけ、ワイヤーブラシでこすってみたら、こんな形になった。

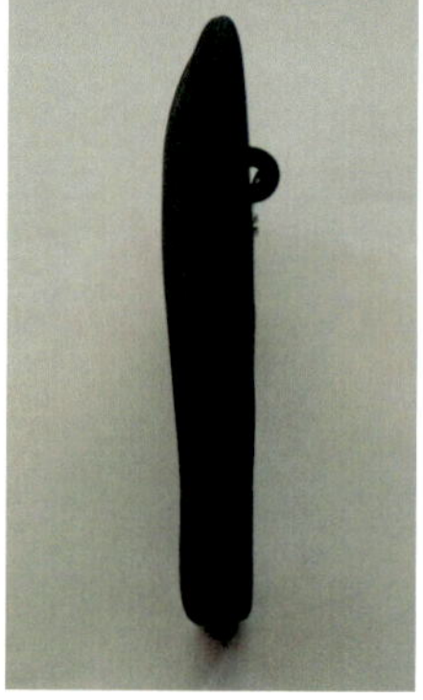

Ⅲ-10

Ⅲ-11 ヨーロッパからNZに持ち込まれた害虫。これは、NZに入植した白人をも象徴している。銀にウレタン塗料。

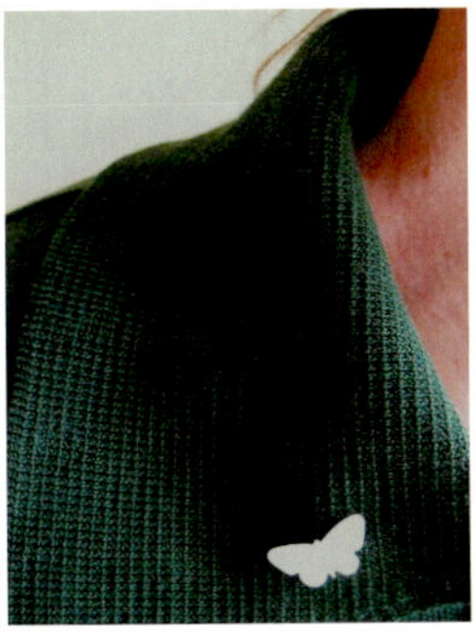
Ⅲ-12「危険なまでに愛らしい」と彼が表現したブローチ。その小ささ(21mm)を、この写真で見て欲しい。

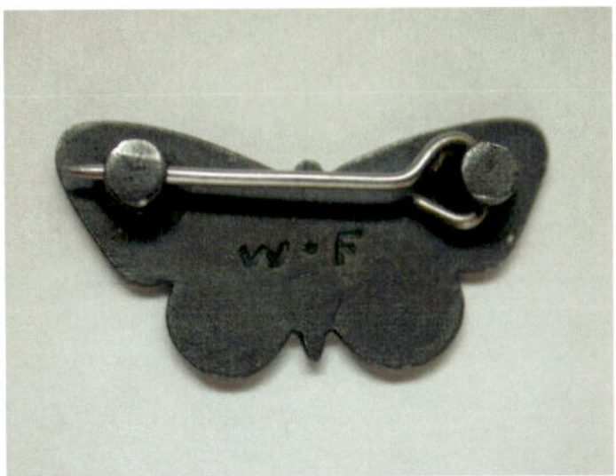

Ⅲ-13 時々、彼の作品の裏を見ると、仕事の賢さにうなることがある。ブローチの支柱は本体と同時鋳造。ピンもたくましい。

万人なのに」という点だ。

彼はこの木片を海岸で、波に漂っている時に見つけたのだ。

―― 白い蝶 ――

1999年につくられた、**Ⅲ-11**、**12**の、この蝶については、フリーマンがずばり、そのコメントをしているので、以下にそれを引用しよう。

「非常に小さなエンブレム的な形状にされた白い蝶は、危険なまでに愛らしい。ニュージーランドの自然史の本に記された、ホワイト・バタフライの項目には、まず、タイトルに『ヨーロッパから持ち込まれた害虫』とある。

この表現は使える、と私は思った。ニュージーランドの植民支配の歴史におけるヨーロッパ人の役割を、外から持ち込まれた種(排除、コントロールするのが難しい種)ととらえた、自己非難的なジョークととれる。自分自身に対するジョークとしてつけるブローチなのである。ある時、友人にこのブローチを見せながら、『ヨーロッパから持ち込まれた害虫』と本に書かれていたことを教えると、彼は、『……であり、それに誇りを持っている』と、さらに一節のジョークをつけ加えた。彼のコメントにより、私はエンブレムというものがどんなに簡単にその意味を覆《くつがえ》されるのかということに気づいた。『ヨーロッパから持ち込まれた害虫であり、それに誇りを持っている』。これは白人至上主義に、団体にとってよいスローガンになるだろう。ジョークからスローガンへの変化、つまり彼の一言が私の蝶をかわいらしいものから、より脅威的なものへと変えてしまったということは、とても興味深いことだ」。

これ以上、この作品につけ加えることのないほどのコメントだ。この白い蝶の白い塗料はポリウレタンで、素材は銀であり、**Ⅲ-13**がこの裏の写真だが、フリーマンの仕事の確かさを示している。ブローチ・ピンの2本の支柱は本体と一体化して鋳造でつくられている。このピンのバネも太く力強い。もちろんW.F(Warwick Freeman)のサインもしてある。

Ⅲ-14は「Yellow batterfly」と題され、横寸法が75mmあり、白の蝶よりはるかに大きい。化石木で出

Ⅲ-14 白い蝶を対比させたNZの大きな蝶。作品は75mmもある。石は化石木。

Ⅲ-15 前項のⅡ-17の１番下の作品。バラはNZでは外来種であり、そのまま居座った人種を象徴している。

来ているが、当然NZの材料を使っていて、白い蝶と対比させたものだろう。

――黒いバラ――

Ⅲ-15は、「黒いバラ」と題される作品だ。前述のシルバー作品の項の**Ⅱ-17**の、同一写真内に、彼のカタログの中ではあつかわれている。

この作品は、彼の２番目のカタログ、「オーナーズ・マニュアル」では単独であつかわれ、**Ⅲ-16**のようにすばらしい人物写真となっている。彼女は、ブリスベーンのクイーンズランド州美術館のキュレーターのジュリー・イウィングトンで、オーナーズ・マニュアルの文章は彼女が書いている。よく写真を見ると、ここはお墓のようだ。黒いバラとを関連づけたのだろうか。右側の彫像をとり入れた、この写真もカメラマンの力量を示してあまりある。

この黒いバラについて、ジュリーは、次のような文を書いている。

「すべての花は死ぬ。見事に咲き誇ったのも束の間、運命に定められたサイクルに従ってすぐに花びらは黒ずんで萎《な》え、落ちてしまう。生の真っ只中で私達生物は死ぬのだ。

Black Roseはこの結末を改めて提示している。酸化はシルバーの老化という自然の現象であり、シルバー

Ⅲ-16 黒いバラをつけた彼女(ジュリー)が墓地にたたずんでいる。右側には天使の像、バラの生と死を象徴しているようだ。

という素材の、月明かりに照らされたような静けさを澱《よど》んだ雫《しずく》で汚してしまう。普通なら、これは避けられるべきことだが、ここでは違う。作家の工房で、このシルバーは、園芸家や科学者、そして不変のものをあつかい、技巧を凝らすジュエラー達が長い間求めてきた、伝説的な黒い花を思い描いて暗闇を想ってきたのだ。

そしてミラクルが起こる。哀悼の象徴とされるその姿から、Black Roseは静かに息を吹き返す。長年の間、人間の手に触れられるうちに、酸化した黒い部分はだんだんと磨耗し、下に隠れている銀色がだんだんと見えてくる。

私が歳を重ねるごとにバラはより若々しくなり、死の不可避性を否認してくれる。しかしそれは、また、しばらくすると自然の規則に従ってくすんでくるだろう。日の光の後には夜が来るように。

なぜバラなのか。すべての花の中で最も愛される花だからだ。また、バラは南半球では最も外国的な花でもある。ニュージーランドのエンブレム一式(Fern、Fish、Feather、Rose)の中では、バラは海外から侵入してきて、そのまま居座った人々を表わす美しいエンブレムだ。Black Roseは、ニュージーランドのマオリの民と英国君主との間に結ばれたワイタンギ条約から150年目にあたる1990年につくられた。哀悼のエンブレムであり、同時に新しい命を表わすバッジでもあるのだ」。

このコメントに、フリーマンのコンセプトがよく表われている。

——ムール貝と
ホワイト・ハートのブローチ——

Ⅲ-17、19は彼が日頃行なっている、自然の中からジュエリーの形を見つけ出すという行為の典型的な例だ。典型的と言っても、**Ⅲ-17**では見つけたムール貝に赤漆《せきしつ》を塗ったという単純な例から、**Ⅲ-19**のように、ホタテ貝の形からハートの形を見つけ出すという、ちょっとした飛躍の

Ⅲ-17 赤く塗られたムール貝のブローチ。単純な作品に見えるが、Ⅲ-19の作品と見比べると、その意味が分かる。

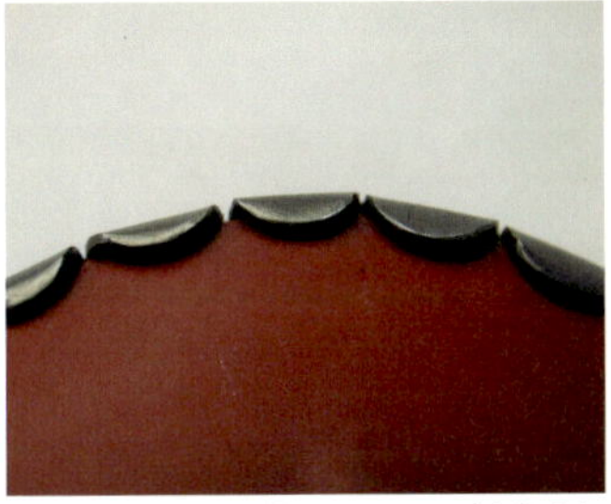

Ⅲ-18 ムール貝は当然、シルバーで裏打ちされているが、その裏側からこの爪が伸びている。なかなかこの爪の形は思いつかない。

Ⅲ-19「ホワイト・ハート・ブローチ」。ホタテ貝から切り抜かれたハートの形だが、貝全体からこの形を見出すのは、なかなか難しい。

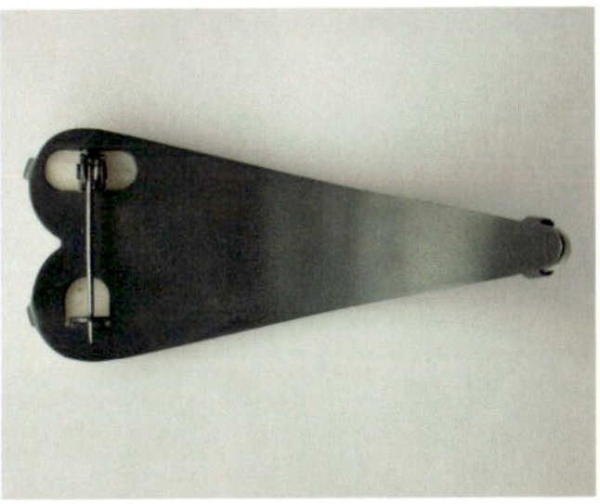

Ⅲ-20 Ⅲ-19の裏。彼の作品の裏を見るのは、いつも楽しみだ。

Ⅲ-21 このパターンは魚の背文様や、波のつくった砂文様等、自然界に多く存在する、あたかも美の視点を自然が持っているようだ。

プロセス等まで、色々ある。

このハートの形を見つけ出したホタテ貝のブローチだが、横から見ると、かなりの肉薄だった。日本のホタテは厚いので、重さを減らすために削ったのかと聞くと「ノー」であり、強さを増すためにもっと厚い方がよい、と逆のことを彼は言ってきた。その裏の写真が、**Ⅲ-20**だ。

彼はムール貝のブローチを単純な例と言い切ってしまっているが、ムール貝の自然な形を見て、それに赤漆を塗ったブローチに仕立てあげるのは、なかなか非凡な才能だ。ましてや、ホタテ貝の貝全体を見ながら、ハートの形の貝を見つけ出すのは、さすがといえる。**Ⅲ-18**は、ムール貝ブローチの留め方のアップだ。ここにも彼の工夫が見られる。

―ブレイン(脳)―

そのもう1つの例が**Ⅲ-21**の作品だ。大きさは約50mm、白蝶貝に脳のような溝を彫り、やはり赤の塗料で着色している。

彼はこの脳の溝のパターンを魚の背の文様や、貝殻にも発見する。すると似たものは指紋もそうだし、波による砂文様も似ているし、顕微鏡でのぞいて見える微生物にもある。そんなことから、彼は自然界にはこういうパターンをつくるリズムが存在し、あたかも人間の美に対する視点が自然界の中にも備わっているようだ、と述べている。

「自然界の中からアートの形をとる」ということは、よく学生の課題に出てくる一般的なつまらなさを持ってしまうのだが、それを彼のようにジュエリーでここまで具現化すると、それはつまらない課題だよ、などとはとても言えない。

―葉の顔(Leaf face)―

Ⅲ-22、これはフリーマンとドイツのオットー・クンツリが、1990年に初めて会った時から、お互いに作品をつくり合った時のものだ。つくり合うと言っても、2人で1つの作品をつくるのではない。2人がお互いに各々の作品に似たものを見つけた時、そのものを送り合う。送られた方は、それを素材として自分のコンセプトや技術で、自分の作品としてつくりあげていくというものだ。

Ⅲ-22の枯葉の中に顔のあるような作品は、オットーがフリーマンにこの形の葉を送り、フリーマンはそれをべっこうでつくってしまったのだ。

Ⅲ-22 オットーが、この形をした本物の葉を送り、フリーマンは、その形をべっこうで表現した。2人はそういう宿題を交換しようと、約束していた。

Ⅲ-23 マオリには指輪をするという習慣がない。当然間違いに気づいたが、あえてこれを複製し、21世紀の収集品とした。

―マオリ・リング―

Ⅲ-23のネフライトのリングも２人の友情の証のような作品なのだ。

それについての彼のコメントをそのまま、ここに引用しよう。これを読むと、このリングに前とは違った親しみを覚えるはずだからだ。

「この作品についても、まずはオットーがミュンヘンのアンティーク・ショップで、ある物を見つけてきた。それは丁度、指が１本ぴったり入るような大きさの穴が開いた、荒っぽい形のニュージーランド・ネフライトだった。それについていたラベルには、次のように記されていた。『マオリのリング、20世紀初頭に収集』。

マオリの物質的文化の記録には、指輪のようなアイテムが過去につくられていたという証拠は何もなく、オットーはマオリの文化には十分詳しいので、この一筆があったからと言って、何の付加価値にもならないことくらいは察しがついたものと思われる。いずれにしても興味がわく品物であることには変わりがなかったので、彼はこれを購入してしばらく持っていたが、そのうちこの不思議なものをその生まれ故郷に返してやる方がよいのではないかと考え、Aotearoa(地域の名前)へ、そして私の工房へ戻ってきたというわけだ。この一風変わった歴史を持つ、おかしな工芸品は、しばらくそのまま置いてあったが、だんだんと私もしょうがないという気持ちになって、その歴史の続きを綴ってやろうと決めた。出来るだけ忠実にそれを複製し、もとのままの名前をつけてやり、新しい作品として世に送り出した。

何をもって『本物』とし、何をもって『レプリカ』とするのか、という問題提起が、このMaori Ringには秘められている。オリジナルのリングと私がつくったリングの違いは何かといえば、私の方には『マオリのリング、21世紀初頭に収集』というラベルが貼ってあるということだ」。

―NZの自然とマオリ―

さて、こうやって彼の作品を紹介してくると、そこからNZに行ったことのない人でもどんな国かが、おぼろげながら浮かびあがってくる。

NZの一般的なイメージは**Ⅲ-24**の

Ⅲ-24 NZ南島、クライストチャーチの広大な景色。左下に町が写っている。

Ⅲ-25 NZの南島、ミルフォード・サウンドの湾。夏でも寒いくらいだ。

ような澄みきった大気のもと、広大でゆたかな景色の国だ、ということになる。**Ⅲ-25**も、その典型的な景色だ。**Ⅲ-26**のように、この大自然の中で結婚式も行なわれる。植物もゆたかだ。**Ⅲ-27**の写真のように、葉の広げ方も実に生き生きしている。

広大な森林公園を歩くと、「あと10分間、何もしゃべらないで歩いて下さい。自然の音楽を聴きとって下さい」という標識が立っている。

この恵まれた自然の中で、前述した白人とマオリの衝突もある。**Ⅲ-28**がマオリの人々だ。白人とマオリの間には過去何回もの戦いがあった。

白い蝶の作品は、典型的にそれを物語っている。現在、マオリ語は、NZの公用語の１つとなっている。国会でマオリ語で演説してもよい。また色々な公のイベントのプレ・イベントの時にもマオリ語で挨拶が行なわれることがある。

さて、このように彼の作品を振り返って見ると、改めて、世界各地にジュエリーの作家がいて、それぞれ

Ⅲ-26 広い湖の前で、ゆったりとした結婚式が行なわれる。右側の木の大きさを見て欲しい。

Ⅲ-27 NZの植物の生育状態は特別だ。森林公園には「あと10分間、だまって歩いて自然の音楽を聴いて下さい」と書いてある。

Ⅲ-28 マオリ族の人々。現在では、国会でマオリ語で演説してもよいし、公のイベントの前にマオリ語で挨拶してもよい。

Ⅲ-29「フィンガーズ・ギャラリー」。オークランドのジュエリー・ギャラリーで、彼が運営の中心人物だ。

Ⅲ-30「フィンガーズ・ギャラリー」でのフリーマン本人(向かって右)。

の国の文化と歴史を引き継ぎながら、実にさまざまなジュエリーがその背景をもってつくられていると実感する。

さて、フリーマンはNZの首都オークランドで友人達と「フィンガーズ・ギャラリー」というジュエリー・ギャラリーを運営している。その内部の写真が**Ⅲ-29**だ。**Ⅲ-30**が、このギャラリー内でのフリーマン本人の写真だ。**Ⅲ-31**は、そのギャラリーのポスターだ。フリーマンの言うように、自然物を素材にした、bone、stone、shellのような作品が多い。**Ⅲ-32**はその一部分の拡大だが、左下にフリーマンの「スター」が写っている。しかし、このポスターの1つの作品を見ただけでは彼の、そしてNZの背景を感じることはとても出来ない。

やはり作品は、その作者に何回か会って、その背景とつくってきた歴史を知らなければ、本当の理解は出来ないものだ。

Ⅲ-24〜28までは、筆者が撮った写真なのだが、一言でいえば観光写真に近い。しかし私は、フリーマンの作品を通じてNZの文化や歴史に触れることが出来て、それなりにNZに深い愛着を持った。

これもジュエリーの大きな力だと思う。

Ⅲ-31「フィンガーズ・ギャラリー」のポスター。大きさは70×50cmあり、多くは骨や石、貝の作品がポスターのテーマ。

Ⅲ-32 Ⅲ-31のポスター右上のアップ写真。彼の「スター・ブローチ」がジャスパーでつくられ、左下に写っている。

【ドイツの作家】

テレーゼ・ヒルバート

Therese Hilbert

この章では、ドイツ、ミュンヘンの女流ジュエリーアーティスト、テレーゼ・ヒルバートを紹介したい。

作品を見ていく前に、次の文章に目を通してもらいたい。これはテレーゼが自分の作品や、生き方について書いたものだ。テレーゼがドイツ語で書き、それを、夫であるオットー・クンツリが英語に直した後、日本語となっているので、多少のぎこちなさはあるが、彼女の考え方を知るうえでは、貴重な文だ。

「仕事について、そしてなぜ私がただつくり、書かないか、をここで述べたい。

私はどちらかというと内向的な人物だが、非常に楽観的でポジティブでもある。

作品は、自分自身の衝動やアイディアから生まれるものであり、何らかのストーリーから生まれるものではない。

私にとって自分の作品について書くことは、非常に難しいことだ。

なぜなら、ジュエリーを通して自分自身を表現(形成)しようとしているからだ。それは、自分の人生に対する反応であり、それ以前に何か特別な個々のエピソード(出来事、行動、事件)があるわけではない。

ほとんどのアイディアは私の感覚や感情、気分の中から生まれ出てくる。『自分の人生における経験』や『自分の中の気持ちや感覚』が、ジュエリーへと転化する。私は自分の作品について書けないし、書かないし、書きたいとも思わない。

なぜならそれは、自分の作品に対する裏切りになるからだ。

人生がうまくいっていて幸せな時でも、常に外部からの影響によって、混乱したり、不安になったり、怒ったり、寂しがったりしてきた。しかし、外部からの影響は、他方では運や愛、活力、情熱、安心などをもたらしてくれる場合もあった。

これは、これからもずっと続いていく対立である。

同時に、それは私を刺激し、感情を解き放ってくれる。アーティスト達は、自分を表現し、個人の成功を追求するために多くの言語や方法を生み出してきた。

そういった中で、私はどちらかというと寡黙なやり方を選んできた。

私のブローチが、ペンダントが、リングが、私の『言葉』なのだ。

長年の経験から、このように感情を秘めたジュエリー作品の持主になる人々は、それらを身につけることで、自分が自分であることを確認しているということが分かった。彼等は作品に私の思いを感じとるだけでなく、自分の直感や感情を作品に投影するのだ。

ここで言いたかったのは、私が自分の作品を身につけていなくても、作品の方がなぜか私を気遣ってくれていて、私がジュエリーを支えているわけではなくても、ジュエリーの方は私を支えていてくれるということだ」。

以上のようにテレーゼが、自分の

I-1 「カプセル・ペンダント」。テレーゼの現在の作品につながるものが、すでに見える。

作品について、「語らない」と言っているのだが、それでは読者も困るので、これから私(水野)が、多少の解説を加えていきたい。

I 20歳代、In her 20s

I-1は、テレーゼ24歳の時の作品だが、早くも彼女が生涯かけてつくってきた作品群の原形を見ることが出来る。それは外形的には、「カプセル」とでもいえる形であり、メンタルには、「内界と外界」「インサイド・アウトサイド」という概念だ。1973年につくられたこのペンダントは、「カプセル・ペンダント」と名づけられている。**I-1**の右は、カプセルの胴体直径19mm、金(22K)と銀(925)が使われている。左は直径30mmの円盤が中央にはさまれていて、同じく金と銀製となっている。

次の作品、**I-2**の銀のブローチは、大きさ42mmの四角形で、1975年の作だ。

私がテレーゼからもらった作品の第1号がこれだった。彼女はこれを、スケッチなしでいきなりつくり始めたらしい。それゆえ、批評家に言わせると、スケッチで検討を重ねた作品より、はるかに作家のダイレクトな息吹が感じられる、と述べている。

今、改めてこの作品に触ってみると、30年以上前の作品でありながら、その新鮮さを失っていないことに気づかされる。

I-3は、**I-2**のシリーズから3年後位につくられたペンダントで、大きさは90mm弱とかなり大きい、銀のプレートに金でふちどりをしている。

よく見ると、周辺部にかけて、とても繊細な凹みが多数ある。その穴の散らばり方もなかなか美しいし、真円の形をしていないところもとてもよい。

I-4は、「インサイド」「アウトサイド」のイメージが、もっとはっきりしてきている(1979年)。

それは**I-5**を見るとよく分かるが、レンズ状の形の内側は2つに分かれ、それを金のベルトで一体化している。

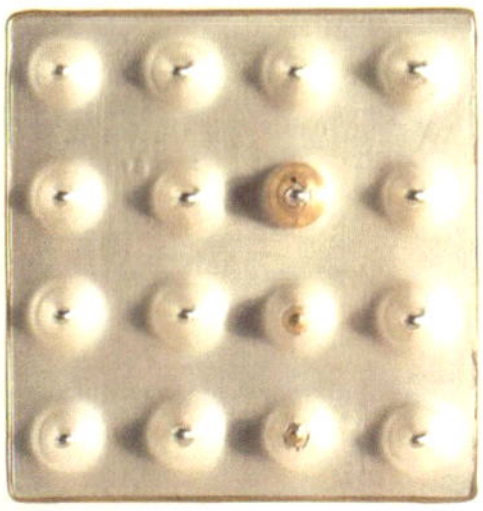
I-2 彼女はこの形をスケッチなしで、いきなりつくり始めた、と聞く。

I-3 銀の円盤に小さな凹みをいくつもつけ、金(約22K)でふちどりしたブローチ。そのテクスチャーが繊細な感じで、外形も真円ではない。

I-4 テレーゼ作品の1つのコンセプト、「インサイド」「アウトサイド」が、下図で見てとれる作品。

I-5 I-4はこのように2つに分かれ、側面のベルトで一体化される。

ベルトをしめた時の外界と、ベルトをはずした時の内界が、金属表面のスムーズな仕上げと相まって、明確に示されている。このカプセルの中には香水を入れてもよいし、思い出を入れてもよい、とテレーゼは思っている。

Ⅱ 30歳代以降、after '30

Ⅰの項で、20歳代後半の作品を紹介したが、ここからは30歳代の作品に入ることになる。1980～'82年につくられた**Ⅱ-1**、**2**は「ペナント」と題された作品群で、ペナントとは、船で使われる信号用の合図の三角旗のことだ。日本でも野球で、ペナント・レースというように使われている(この場合のペナントは、優勝旗を意味する)。

さて、当時プラスチックの買物袋がブームとなり、カラフルなバッグが町にあふれていた。それまでは退屈なモノクロームのデザインだった。

この現象はある意味で既製の権威に対する抗議だったともいえる。そこでテレーゼは、自分達と同じ若い年代が誰でも身につけられ、楽しくなるブローチをバッグからつくろうと考えた。

それが**Ⅱ-1**、**2**(1980～'82年)で、これも今、改めて見直してもとても楽しい三角ブローチだ。私もいくつかこのブローチを持っている。

同じ時期、1982年につくられたのが**Ⅱ-3**だ。写真に見られるように黒い(白もある)プラスチック・フォイルに綿が入っている。中央の穴からは、すでに中味がのぞいている。これらは同時に、香水を含ませることも出来る。

Ⅱ-1　プラスチックの買物バッグよりつくられたブローチ。

Ⅱ-2　このようなカジュアルなブローチなので、かなりの数がつくられた。「既製の権威に対する反抗」と、テレーゼは言っている。

Ⅱ-1 レッド・ネック・ピース

1983年、**Ⅱ-4**のような、大きなネック・ピースにとりかかる。これは、パイプ状のものは真鍮の筒に赤いペイントを施したもので、ワイヤーは赤いビニールパイプに包まれた鉄線となっている。赤いパイプとそれをつなぐワイヤーが印象的で、テレーゼとしてはめずらしく大きい作品だ。

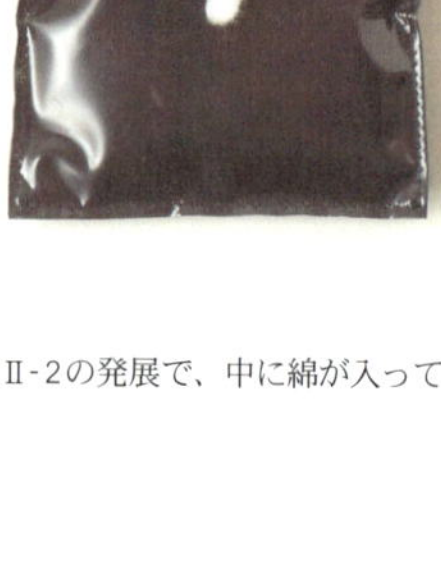

Ⅱ-3　Ⅱ-2の発展で、中に綿が入っている。

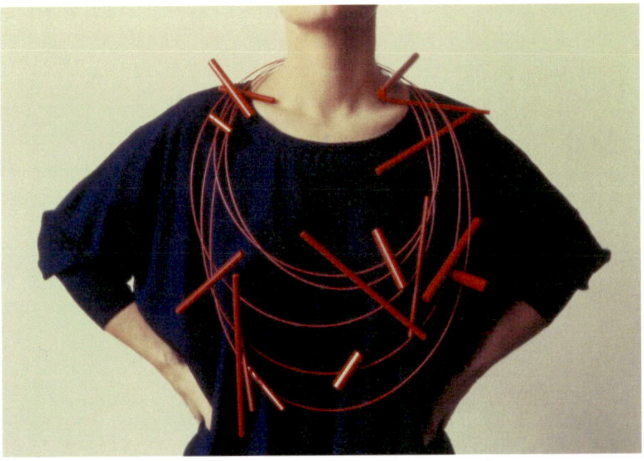

II-4　赤いパイプは大きなとげを思わせ、身につける人を守っているようにも見える。

II-5　これもスパイクや矢、角を思わせ、その人を守るよりも、むしろ攻撃的な印象を与える強い作品。

II-6　同じくカッターを思わせ、近づくものを切ってしまう印象を与える。II-5と共に人体とのバランスが美しい。

この作品は、この赤いパイプがとげのように見え、身につける人を守っているようにも見える。次の言葉は、日本人にはあまり馴染みがない言葉だが、西欧人は「いばらの王冠」を連想してくる。キリストが処刑される時、かぶらされた王冠だ。

人によっては、この頭にかぶらされた王冠が、すべり落ちてきて肩にかかってきた、と比喩的に思うかも知れない。

このとげ、あるいはプロテクションのコンセプトが、次の作品「スパイク」「スター」「武器」(1985〜'89年)へとつながっていく。

それが**II-5〜8**だ。

その中でもテレーゼの作品として、私の記憶の中で強く残っている作品が、この**II-5〜7**だ。

II-5、6は、モデルが身につけているので、そのサイズに見当をつけてもらえると思うが、かなり強烈な作品となっている。

前にテレーゼの作品は内部と外部との関係を追求していると書いたが、

この作品は外部に向かっている。それは自己防衛でもあるが、攻撃的で、相手を傷つけていく強さを持っている。きらきら輝く反射と、鋭いエッジや先端は、ナイフやスパイク、あるいは矢や角等の武器を思わせるが、いったん身につけると、エレガントにも見える。

このシリーズをくむものに**II-8**がある。長さがかなりあり、約210mm、**II-5～7**より印象もやさしく、身につける上部のフックの部分と胴体のやわらかなふくらみが、よくマッチし、むしろ男性ならエレガントさを与えてくれる。

II-8の中央の作品を、私はオットーからもらったことがある(**II-9**)。

その時のオットーの冗談は、「これは妻から夫にあげるには最適のプレゼントだよ。なぜなら、近寄る女性をこのフックで引っかけて放り出してしまう」だった。**II-10**ではこの作品の立体的なふくらみを見て欲しい。

少し前の年代になるが、**II-11**(1984年)のような、はしご(ラダー)のブローチもつくっている。写真で見るように、かなり大きなはしご状のブローチで、テレーゼはこれを「ヤコブのはしご」と名づけ、天国にまで昇って行けると言っている。同時に、今のあなたの悩みや問題から逃れられるはしごでもある。でも時には、このはしごから落ちて、もう一度やり直さなければならない時もある、とも言う。

いばらや、とげといえば、1989年にはバラをモチーフに、「ローズと、とげ」という作品をつくっている(**II-12**)。バラはブローチで、ネックレスがとげのデザインとなっている。特にバラは銀をいぶし、黒いバラとなっている。

テレーゼの数少ない言葉を引用しよう。

「この2つの作品は、コインの表裏のように一体となっている。バラは愛、光、生命、宇宙、そしてエロチシズムの極致だ。そしてとげは、痛み、悲しみ、罪、罰、防衛や守りを表わしている」。

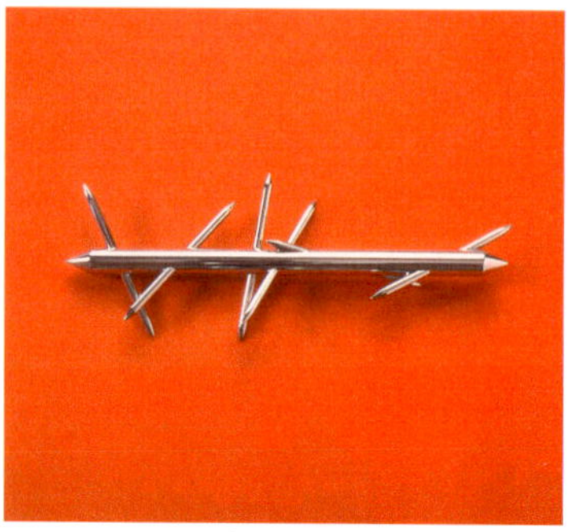

II-7　これもとげを思わせるブローチ。真鍮にクロームメッキ。

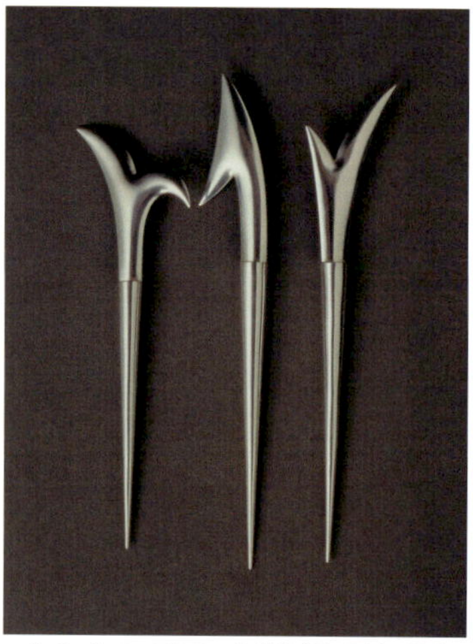

II-8　II-4～7とのつながりがあるが、外形的には、もっとソフトなふくらみを持っているブローチ。

Ⅱ-11「ヤコブのはしご」と題された作品。かなり大きな作品で、ステップの間隔が美しい。

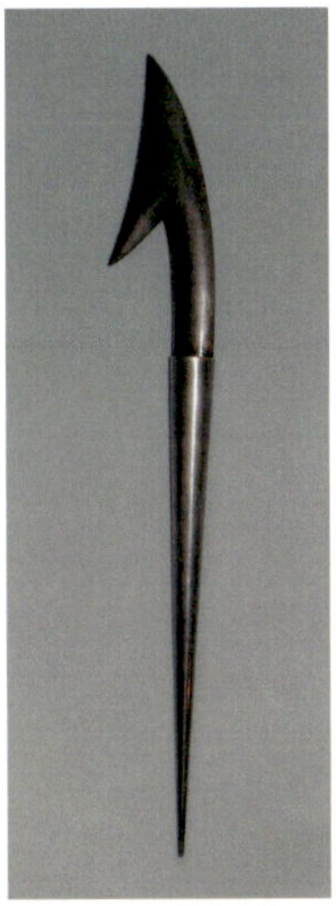

Ⅱ-9　Ⅱ-8の中央の作品。これについてのオットーのジョークは、本文を見て欲しい。

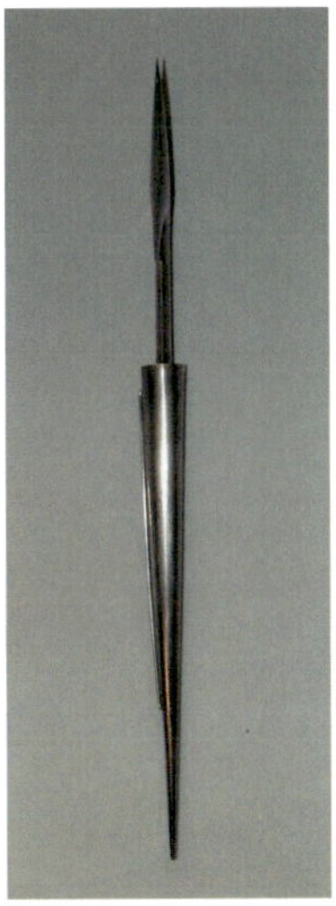

Ⅱ-10　Ⅱ-9の側面で、特にそのふくらみを見て欲しい。

Ⅱ-12　バラの花は愛、光、生命を表わし、枝のとげは、痛み、罪、罰、守りを表わしている。

Therese Hilbert

Ⅱ-13「エモーション(感情)」と名づけられた作品。Ⅱ-17までは、本文を読んで欲しい。

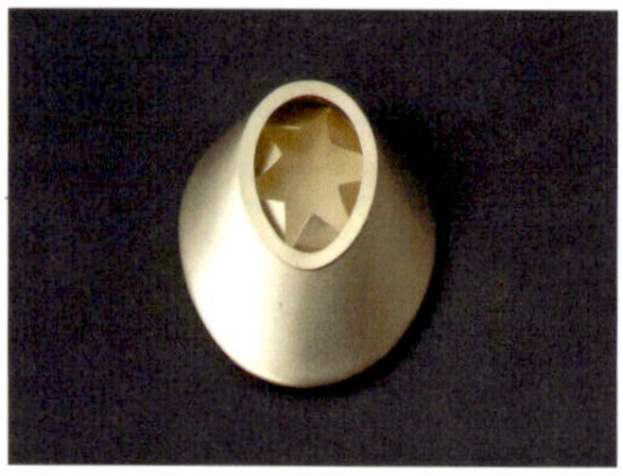

Ⅱ-14

Ⅱ-15

Ⅱ-16

Ⅱ-17

Ⅱ-2 エモーション

Ⅱ-13～17までが「エモーション」と題した作品だ。エモーションとは、感情とか情緒とかに訳される言葉だが、それとこの形がどうつながるのか、見ただけでは分からない。

ここでは情緒に近い感情、という意味に、エモーションをとって欲しい。フィーリングは、それに対して感覚という日本語にしよう。

エモーションは単なる感覚でなく、感覚や経験をもとにした、もっと深い感情を指す。

語らないと言っているテレーゼだが、数少ない彼女の言葉に耳を傾けてみよう。

エモーションは、色々な文化や、歴史の中で、個人的なものであり、しかし魂と精神の叫びであり、内攻的な感情から攻撃的な表現へと変わっていくものである。そして、まわりの人に影響を与え、それゆえ、嫌われることが多く、また、それだけ隠されたり、抑圧されたものでもある。ジュエリーにも、このエモーションは作家のものとして込められており、時にこれを身につける人は、その思い入れが少ないものを選びたがる。なぜなら、身につけた本人のエモーションを込めたがるからだ。

私(テレーゼ)の作品は、その意味でエモーションの深い作品であるし、彼女自身つくっていて、どうしてもそうなっていってしまう。しかし私の作品を身につける人は、その作品に自分の思いを込められるスペースを見出すことが出来るし、その時、すでにテレーゼの感覚がそこに宿っていることも分かっている。

こういう思いでつくっているので、彼女の作品には、その作品をつくるようになったきっかけや、ストーリーがないというのもうなずける。彼女は人生の難しさと美しさを、作品の素材と形のバランスの中に表現しようとしている。

もう一度作品(**Ⅱ-13～16**)を見直してみよう。作品の下の部分はエモーションを生み出す体、土台となっている。

つまり「エモーションの家」、ホームとなっている。そしてその始まりの場所でもあり、エモーションが噴出していく基地でもある。その様子は、**Ⅱ-17**の真横からの写真でも感じられる。

Ⅱ-13は、角のように人を攻撃するものであり、**Ⅱ-14**は、近づくものに噛みついて、中に引き込むようである。また**Ⅱ-15**は、爆発するものであり、**Ⅱ-16**は、スパイクのように人を突くものである、といえる。

こう書いてくると、彼女が冒頭に書いた、私の作品の生まれについては、物語や、きっかけがなく、それこそ彼女のエモーションが原点だと言っているのもうなずける。

この作品については、彼女の思い入れは特に強いように感じられる。というのは、「語らない」という彼女がこれについては、別紙でA4、2枚程に書いてきたからだ。

Ⅲ 最近作

1995年頃よりテレーゼは、新しい作品の流れをつくっていくように思われる。

Ⅲ-1 バルケノ(火山)

火山シリーズの**Ⅲ-1**は、それこそ爆発が若い芽のように表現されているし、**Ⅲ-2**、**3**は、赤いサンゴや黄色の溶岩が使われている。ほとんどの海の火山は爆発後、死火山となり、サンゴに覆われる。また**Ⅲ-4**は、火山のガスを表現しているようだ。テレーゼの人柄から言って、きっと彼女は活火山より休火山の方が好きなのだ。

ふつう、火山というと人々は、活火山の激しい噴火や溶岩の流れを思い起こす。しかしテレーゼは休火山の秘めたエネルギー、地中深く内在する、爆発エネルギーを感じとることが出来るのだ。

特にテレーゼが好きな火山は、ギリシアのサントリーニ島にあるネア・

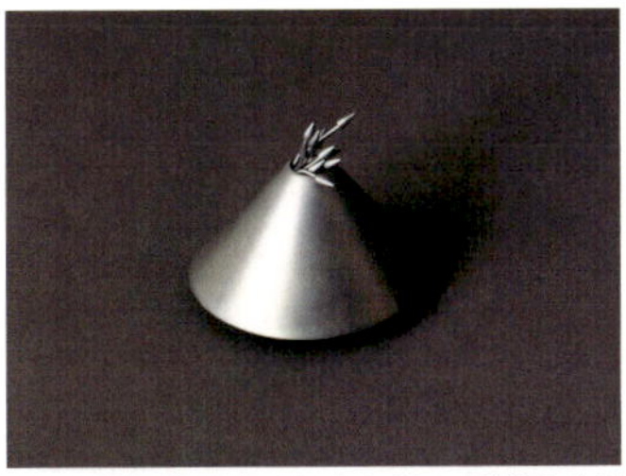

Ⅲ-1　休火山の秘めたエネルギーの魅力を表現している。

Ⅲ-2　赤いサンゴが使われている火山。ほとんどの火山はやがて死火山となり、サンゴ礁となっていく。

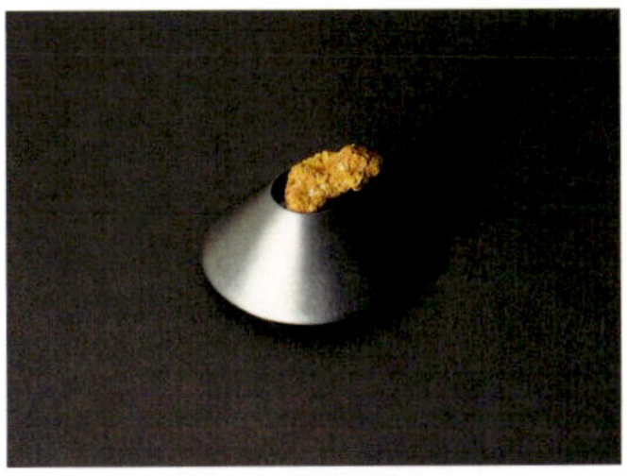

Ⅲ-3　黄色い溶岩が使われている。

Ⅲ-4　噴き出したガスの穴を表現しているのだろうか。

カメニ火山(Nea Kameni)で、何度もここを訪れ、エネルギーをもらっている。

しかしこのブローチは、ネア・カメニ火山の形からとったものではなく、むしろ火山というイメージからくるモニュメント的な、幾何学的な形—それは日本の富士山もそうだろうが—をとっている。

彼女は日本に来た時、富士山を遠くから見たことがあるのだが、やはり、完璧な、強い、典型的な火山というイメージを持っている。

Ⅲ-2、**3**には、赤のサンゴや溶岩のかけらが使われている。これはネア・カメニ火山のものではなく、インドネシア、バリ島の隣の島、ロンボク島の海岸を、夫のオットーと共に訪ねた時に拾ったものだ。

テレーゼとオットーの2人の旅はユニークなことが多い。2人が日本に来た時も、やはりコースの選び方が、ふつうの外人客とは違う。一度は那智の滝を見に、紀伊半島に行ったことがある。ところが、その時は運悪く豪雨とぶつかってしまった。その時のオットーのハガキが面白い。「那智の滝を見たかったのは、その落ちてくる水量のすごさを感じたかったのだが、那智をわざわざ訪れる必要もないほど、まわり一面すごい滝のような雨だよ」という文面だった。

この後、2人は奈良に入ったのだが、ここでアメリカ人で仏師の人に会う。永く日本に住んで、仏像をつくり続けていたが、歳をとって、アメリカに帰るので、それまでに集めたコレクションを売りに出しているところに出くわしたのだ。

すぐに筆者に電話がかかってきて、「今すぐに来い」と言う。もちろんすぐに駆けつけ、この時ゆずってもらった仏像のいくつかは、私の部屋を飾っている。

オットーの1人旅も面白い。ある時、能登半島一周の旅に出かけたことがある。観光バスで一泊どまりのおばさん達の団体と一緒だった。朝食も宴会場で共にとったのだが、オットーは慣れない手つきで、日本食を食べていて、ついにみそ汁を股間に落としてしまったのだ。すると、そばにいたおばさん達が、さあ大変と寄って来て、オットーのズボンを脱がし始めたので、本当に大変だった。今度行く時は、ズボンの下に海水パンツをはいて能登に行く、と冗談をとばしていた。

話を**Ⅲ-5**に進めると、これは主に「バルケノ」のペーパー・モデルだ。Ⅰの項でも触れたが、ある批評家がテレーゼの作品を評して、彼女の作品には、ペーパー・モデルを経由したものと、いきなりつくり出しているものがあるが、後者の方が作者の息吹をより感じとることが出来る、と。

さて、バルケノの紹介を終えるにあたってテレーゼは、次の、批評家のウジェーヌ・イオネスコ(Eugène Ionesco)の詩を自分の感じに最も近いと言っている。

Ⅲ-5「バルケノ」のペーパー・モデル。後の「エモーション」のモデルも含む。

「この瞬間、私はここにいる。
私の中の情熱が爆発しそうだ。
しかし、もう少し考えてみよう。
私の中の怒りや、喜びがジェットのように噴出しそうで、火がつきそうだが。
私はエネルギーであり、火であり、溶岩である。
私は火山だ。
しばしば、私は、私の直感を表出させ、噴出させるのを待っている、半分寝ている休火山のようだ。
それは、私の強烈な情熱を噴き出させ、火をつけ、暴れまわり攻め立て、世界に拡がっていく熱情を秘かに貯めこんでいる」。

Ⅲ-2 キャリア・オブ・シークレット

carrier（キャリア）という英語は、物理的に物を運ぶという意味もあるが、何か精神的なものを持っているという意味もある。

Ⅲ-6 「キャリア・オブ・シークレット」。秘密（物質的にも、精神的にも）の入れ物、という意味。左はパール、中央はルビー。右は金のナゲットが入っているが、身につけている本人にしか見えない。

Ⅲ-7 ブローチの2つの穴が、見る角度によって動くように見える。のぞくと、その人の中味が見えるように思える。その形が美しい。

Ⅲ-8 Ⅲ-7と同じシリーズ。テレーゼのずっと続いているテーマ、内界と外界とのコンセプトも感じられる。

さて秘密の容器とでも訳すようなブローチで、身につけると、その本人だけが中側を見ることが出来て、そこにある隠された宝物を楽しむことが出来る。また、精神的な意味での秘密を持ち運ぶことも出来る。これは1997年の作品となっている。

Ⅲ-6の左は、パールが中に入っていて、中央はルビーの原石、そして右は金のナゲットが入っている。もちろん身につけると、相手からは中味は見えないが、本人は見ることが出来る。

Ⅲ-3 Hollow but not empty

「空洞の、しかし空虚でなく」という意味のタイトルがついている作品（ペンダント）で、**Ⅲ-7**、**8**で上部についている口のような部分は、見る角度によって口の部分が目のように動いて見える。この中をのぞくと、身につけている人の心の奥底がのぞき込めるような気がする。

Ⅲ-4 In self, for self

「自身の中に」「自身に対して」と名づけられた大きな２つのペンダントだ。英語のamulet(アミュレット)、お守り札みたいなもので、私自身の中に、私自身のために、という意味が込められている。

このペンダントは２つの部分より成り、**Ⅲ-9**、**10**(2003年)は、上部の蓋《ふた》みたいな部分をスライドさせて、中をのぞくことが出来る。

その中には、大切なものをそっと隠しておくことも出来るし、そっと見せてあげることも出来る。

Ⅲ-5 Funnel(ジョウゴ)

Ⅲ-11でも明らかなように、ジョウゴの形をしている。ジョウゴはふつうの使い方なら、広い方から狭い口の方に液体が流れるようになっている。そのように、このペンダントは、考え方や感情も含めたすべてのものを集めて一体化し、凝縮してしまう。一方で逆さまにすると、それは噴出口となり、あなたの考えていること、言いたいことをつぶやいたり、叫んだりする口ともなっている。

Ⅲ-6 Glow(成長)

「成長」という意味にとれるタイトルの**Ⅲ-12**、**13**、**14**(2004～'06年)は、「エモーション」と「バルケノ」の作品の発展のように受けとれる最近作だ。**Ⅲ-14**は、側面写真になっている。

テレーゼはこの作品について、短い文章を残している。以下に紹介しよう。

「私は半分眠っている火山なのだ。(しかし前作のバルケノではない)

私の火口は、私の本能を満足させるため、爆発し、噴出することを待っている。

私の強烈な情熱に火がつき、世の中に攻撃仕掛けるのを待っている

Ⅲ-9 「自身の中に」「自身に対して」という意味の作品。上部の部分はスライドする。

Ⅲ-10

Ⅲ-11 ジョウゴの形のペンダント。上部からあなたの考えや、感情を入れると、下の筒でそれらは凝縮される。

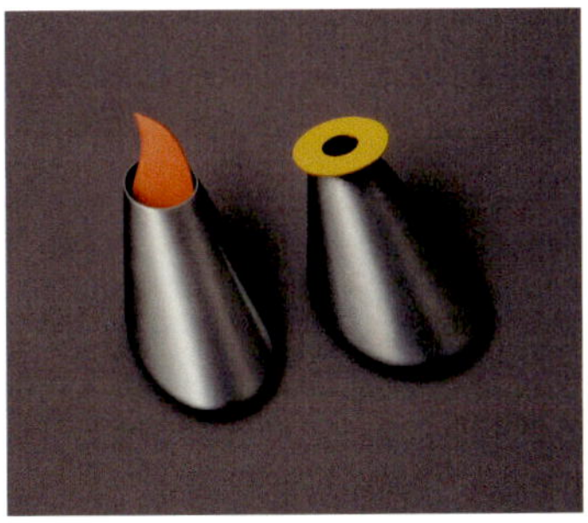
Ⅲ-12 彼女は自分の作品を「内部に強烈な情熱を秘めた、危険な爆発を待っている火山のようなものだ」と言っている。

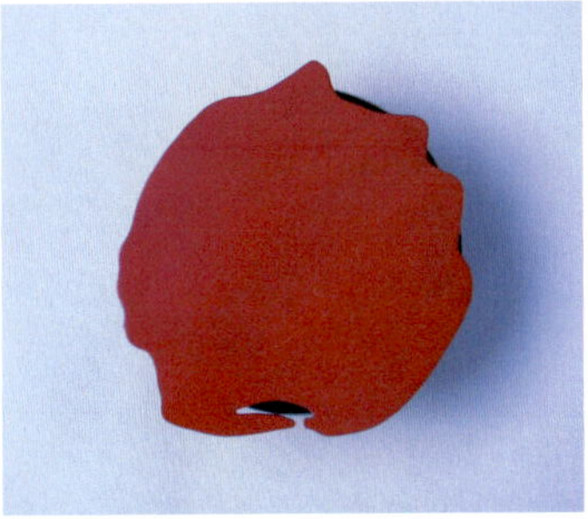
Ⅲ-13 写真は「グロウ・ブローチ・シリーズ」の一部である。

Ⅲ-14 Ⅲ-13のサイド写真。

Ⅲ-15 テレーゼ、その人。

のだ」。

つまり、内部に強烈な情熱を秘めた危険な火山のようなものだ、と言っている。

また、前作の「エモーション」や「バルケノ」と違う点は、「グロウ」がより抽象的で、感情はまだ静かに横たわっていて、外観は静かで、やさしく見える。しかし、それは見せかけのものであって、情熱はすぐにもほとばしるのを待っていて、いったん噴出したら、それは爆発してしまう、とも述べている。

さて最後に、テレーゼの人物写真**Ⅲ-15**を紹介しておこう。この写真からも、あるいはここまで読んできた読者も、テレーゼは気むずかしい人だと思ったかも知れない。しかし彼女は普段、全くやさしいお母さんという感じなのだ。

その内面については、筆者も今回初めて触れるようになった次第だ。

【ドイツの作家】

ドロテア・プリュール

Dorothea Prühl

I ドロテアの原点

ジュエリーの世界で、思わず泣けてきてしまうほどの作品に出会うことがある。絵では、そういうことが起こるのはとてもよく分かる。

例えばゴッホの絵、これには多くの人が泣かされてきた。ゴッホが神父の時代、ベルギー南部の炭鉱の町で貧しい人に会い、自分の着ている服を脱いで与えてしまったほど一生懸命やっても、人々には受け入れられなかった。

ゴーギャンの親友となろうとするあまり、嫌われ、耳を切ってしまった彼、その彼が自分の分かってもらえない気持ちを画面にぶつけた作品は、多くの人々の心を打ってきた。日本の高名な画家の1人は、高校生の時代、ゴッホの絵を見るたびに涙が出てきて止まらなかった、というのもよく分かる。

この旧東ドイツ、ハーレの美術大学のドロテア・プリュールの作品では、それがある。

いくつかの作品を見ていただきたい。**I-1**は、彼女のカタログの見開き2頁の写真で、左側に彼女の家の写真があり、右側に小さく象牙のブローチがある。そのブローチが**I-2**だ。見ると、彼女の家と木が彫ってある。しかも、子供のイタズラ彫りのようだ。

筆者には、これがジュエリーの原点のように思える。「ジュエリーとは？」と聞かれたら、「人間の精神も含めて、人体を飾るもの」という答えがくるだろう。もっと進んで、最もジュエリーといえるものは、ある特定の人物から、ある特定の人物に、特別の思いを込めて、その人の身体を飾るものという面がある。これはふつう、絵画や彫刻の世界では、そんなにあらわではないことだ。このブローチは多分、ドロテアの思い出の建物を、あえて原始的な方法で彫ったように思える。これを自分の思い出につくったのか、特定の人にあげたのか、とにかくジュエリーの本質がここにあるように私には思える。

一転して**I-3**を見てみると、金の細い帯のような線を束ねてネックレスをつくっている。題名も「Glass」となっていて、正に硬い金属でつくりながら、草を思わせるやわらかさを出している。

I-4は、逆に肝臓をぶった切ってつなげたような迫力を感じる。素材は木材なのだが、その迫力はすさまじい。

それが一転して**I-5**では、こんな可憐なブローチになっている。タイトルは、「白鳥」である。

I-6で、いよいよ本人に登場していただく。旧東ドイツ出身ということもあって、ヨーロッパですら彼女の

I-1　彼女のカタログの第1頁がこの写真と作品だ。自分の思い出から語り始めているようだ。

I-2　あえて正面から撮らず、斜め上面から写している。この方が、この作品を伝えやすいからだ。厚みも見て欲しい。

存在はあまり知られていないようだ。
私も初めて会ったのは、ミュンヘンでの「三校合同展」であった。
私達の三校合同展を見るために、彼女は朝６時の列車にハーレから乗り、午後２時にミュンヘンに着いている。そのまま展示会を見て、夜の打ちあげにも参加し、夜10時頃になって、これから帰るという。やはり朝の６時頃に着くのだろう。そこまでして見に来て下さったのだと感激したのを覚えている。
ミュンヘンの造形大学のオットー・クンツリ教授が、彼女を特別丁重に接していたのも当然のことに思われた。
さて、最初から紹介しているドロテアのカタログは、正にすばらしいの一語につきる。
大きさはB４サイズなのだが、その写真の余白の使い方も、実にうまいものだ。
作家は、自分のカタログにはかなり努力をつぎ込むものだが、本書の３人目のワーウィック・フリーマンとドロテアのそれは、白眉の一言だ。

I-3 「Glass（草）」というタイトルがぴったりなネックレスだ。

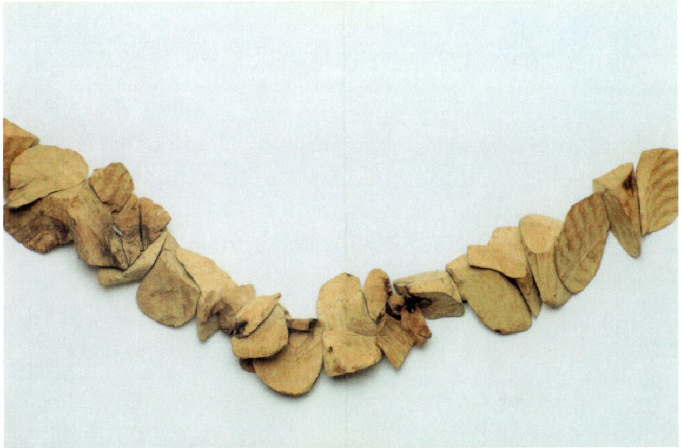

I-4 強烈な迫力の木のネックレス。この後にも、木彫のネックレスは色々出てくるが、日本の円空を上まわるほどの力強さだ。

I-5 I-4から一転して、かわいい「白鳥」だ。よくこんなに転換できるものだと感心してしまう。

I-6 ドロテア本人。今はもう隠退して、静かな生活を送っている。

I-7　このネックレスをしていたドロテアに初めて会った時は、この作品の評価をどう見てよいのか迷った。

I-8　1個ずつの形を見ても、これでネックレスをつくろうとは。それがドロテアの手にかかると、大きな存在感を持ってくる。

I-7は、彼女と三校合同展であった時にしていたカエルのネックレスで、銅のように見えるが銀である。彼女はこれをつくるのに2年間、カエルを飼って生態を研究して、この形につくったという。写真が小さくて分かりにくいかも知れないが、全く小細工をしていない思い切ったつくり方であり、金属素材でなくては表現できない形をしている。

I-8は、チタンのネックレスである。銅の色をしているので、見過ごしてしまう習作のように見えるかも知れない。

しかし、チタンと聞けば「えっ！」と驚くのだ。なぜならチタンは硬いことで知られ、誰もそれを叩いて、銅や銀のようにあつかおうとは思いもつかないからだ。1個の形の大胆さがすごい。チタンの色と共に、卓越した構成の、グラフィック処理もすばらしいものだ。

I-9は、バーチという木に成長した本当のキノコを削り、それにダイヤモンドを配したネックレスだ。

I-10は、アルミニウムのチューブの両端を叩いて円錐形にし、そのすそを内側に折り込んだものだ。この2つの作品とも「よくまあ、ここまで突き詰めたものだ」と思うと同時に、その大胆さ、プリミティブな魅力、金属の特質を掴んだ技術がひしひしと伝わってくる。ちなみにタイトルは、「ウォーター・フラワー」としてある。

ここには、既存のジュエリーからの何の影響もないし、ジュエリーの道を歩み続けてきた結果、ドロテア固有のものにたどりついたと感じられるのだ。

もちろんほかの人にとって、そうは思えないということは、十分あり得ることも分かっている。

私にとっても、本人に会えたこと、全然知らなかった意外さ、10時間かけて展示会を見に来る態度、そしてカエルの話題が重なっているのかも知れない。

しかし、アートの表現は、最初はそれがほとんどプライベートな、その人特有の体験から出たものであることを考えると、このことも自然に思えてくる。

なお、本文中の写真は、Dorothea Prühlさんと、写真家のHelga Schulze-Brinkopさんのご好意により掲載するものだ。

I-9　キノコは本物だ。それにダイヤモンドをつけている。これも、誰も思いつかない組み合わせだ。

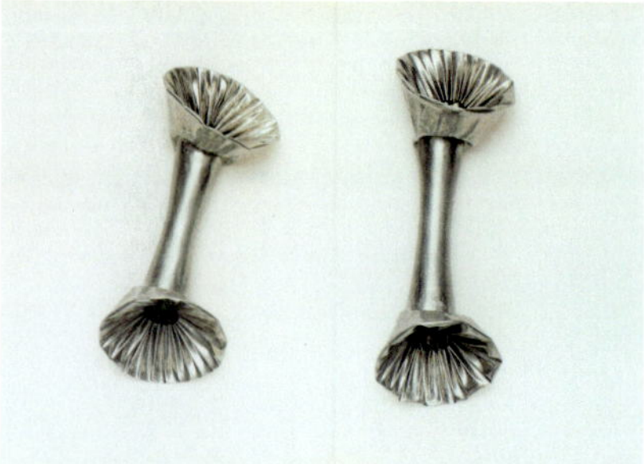

I-10　これはブローチ。長さは、各々18と21cm。1本のパイプから、よくここまでつくりあげたものだ。

Ⅱ 内在する力

ここまではすばらしい作品集から紹介してきたのだが、日本で彼女の作品も展示されるようになり、筆者のところでも所蔵するようになったので、その細部も含めて紹介したい。

初めに鳥の形を彫ったネックレスだ。**Ⅱ-1**がそれだ。この彫り方も幼児や原始人が彫ったように見える。私達は大人になると、物をつくる時、最初はリアルに見えるようにつくりたがる。絵を見る人も景色だったら、それが本当の景色に似ているか見たがる。一致していると「よく描いてある」と思ってしまう。

それなら写真があるのだ。絵は描こうとするものから、受けた感動を描くのだ。そのものを写しとるものではない。だから、そのものやその景色と似てなくてもよいし、変えてしまっても、あるいは景色と分からなくなっても構わない。要は感動が伝わるかだ。この１羽の鳥をアップにしてみよう。**Ⅱ-2**がそれだ。鳥には見えるが、デフォルメされている。それがこの鳥から受けた彼女の感動―彼女自身の鳥なのだ。

多分子供達は、自分が見たものの中で、一番その子にとってインパクトのある部分を描くのだろう。それがそのものの特徴を最もよくとらえているからだ。精神的弱者の人が顔をつくると目が異常に大きい。これも彼等にとっては、目は大きな恐怖か、大きな関心事だからだろう。

Ⅱ-2をよく見ると、鳥の背中の部分は薄く木の溝が入っている。見てとれる通り、これは木を裂《さ》いて出来た断面だ。

木をある程度割っていくと、最後は裂くようにして切り離すが、その断面の美しさ、強さを見て、ドロテアはこの作品をつくったように思う。

Ⅱ-1　ドロテアの作品は、私達だったら発表を躊躇してしまうほどだ。それを超えてくる確信がすごい。

Ⅱ-2　細工すればするほど、作品はつまらなくなる。「手を加えない時が一番力強い」という言葉を思い出させる。

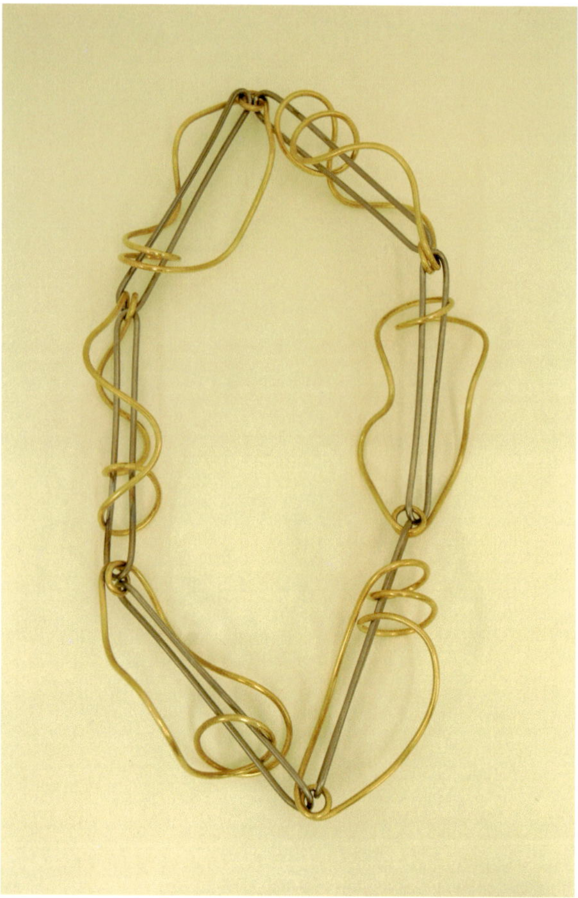

Ⅱ-3　２種の金属の絡みが一体となって、すばらしいデザインとなっている。

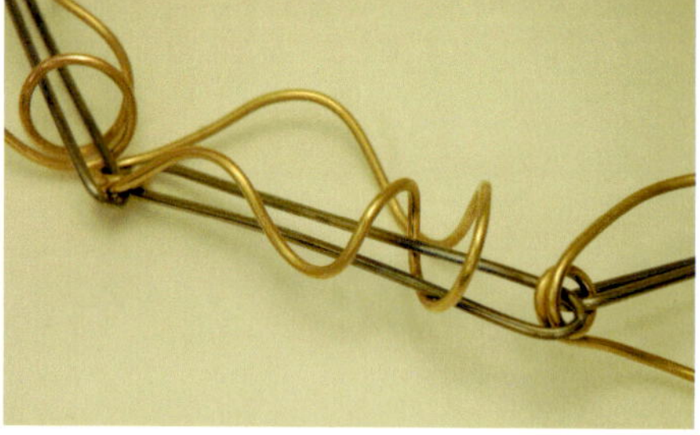

Ⅱ-4　Ⅱ-3の全体もすばらしいが、部分を見ても、まとまっている。

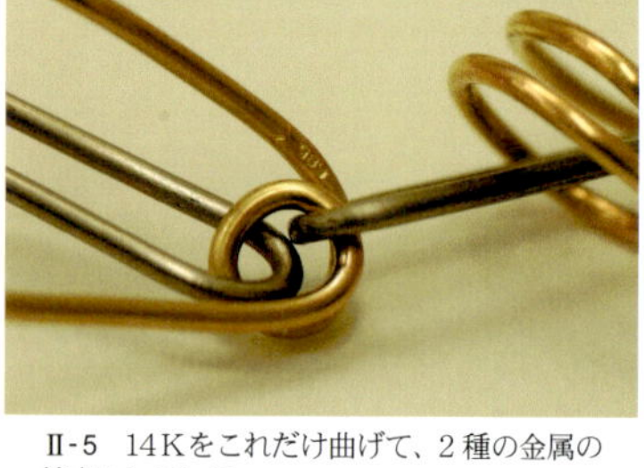

Ⅱ-5　14Ｋをこれだけ曲げて、２種の金属の接点としている。

裏側を見てみると、人工的にきれいに削っているので、それが分かる。この鳥の外形の形もすばらしい。これだけ大胆に、鳥を抽象化できるのもすごいことだ。ふつうはもっとリアリティーを持たせたくなってしまう。

木の裂いた断面を見ると、我々はすぐそれをきれいにしようと無意識に考えてしまう。きれいにすると木の生命はそれだけ薄くなってしまう。その木の用途にもよるが、この作品はその意図が見事に反映されている。つなげてある紐《ひも》も木の色に合わせて染めてある。

さて次の作品は、18金とチタニウム・ワイヤーのネックレスだ。**II-3**がそれだ。上下40cm位ある。この２種の性格の違う金属ワイヤーを絡み合わせているところと、その絡み方がよい。チタニウムはとても硬いので直線的に使っている。チタニウムはそんなに高価な金属ではない。

それに貴金属である金の絡みの形が曲線ゆたかですばらしい。**II-4**でその絡み方を見て欲しいし、**II-5**では、そのエンドの丸輪も見て欲しい。金には、K14の刻印が打ってある。

同じようなネックレスが**II-6**だが、今度は大ぶりなチタニウム板を糸ノコで切っている。その一片が**II-7**だが、まるで子供か、不器用な人が切ったような断面だ。１枚１枚の、板の波の打たせ方がよい。それがこの作

II-6　輪郭といい、曲げ加減といい、とても計算されていることを感じさせる。

II-7　こんな形をどうやって思いつくのだろう。子供なら迷いはないが、大人はこの形のすばらしさが分からなくなる時がある。

Ⅱ-8　自然の生木から、このＬ字型の幾何形体をつくり、それをネックレスとするなど、とても考えられない。

Ⅱ-9　上部の面をよく見ると、２枚合わせになっている。

Ⅱ-10　この紐の内容が、Ⅱ-11だ。

品の大きなポイントだ。
最後がⅡ-8のネックレスだ。
この1つひとつのパーツのL字型の木が何だろうと思う。多分これは何か木の家具の一部ではないかということになった。形があまりにも幾何形体をしているからだ。しかし、本人に問い合わせたところ、自分で森に行って、木を採ってきてつくったのだ、と言う。桜の木の種類だそうだ。
よくまあ、自然木から、これだけの幾何形体をつくり出すものだと呆気にとられてしまう。
さてⅡ-9を見ると、右側直線部の上部の端に薄く線が見える。これはこの柾目部分が弱いので、90度向きを変えた柾目を貼りつけたのだと、ドロテアは言っている。
Ⅱ-10を見ると、紐の結び目と空洞の穴がある。この穴はⅡ-8の右手前にも開いていて、結び目はなく、4つの穴が開いている。
これはこのように考えられる。これらの木片をつなぎ合わせるため、4つの穴をつらぬいて開けたのだ。
ここからは、Ⅱ-11を参照して欲しい。この1個の木片左側の穴Aより右の穴に向かって、針金をリードとして、紐を通す。穴Bより紐ごと出てくる。
リード役の針金を紐からはずし、穴Dより入れる。すると穴BとCの穴は木の中で交差しているので、この差し入れた針金に、通っている紐を引っかけて、穴Dより取り出すことが出来る。これですべての木片をつないでいくことが出来、4つの穴は空洞で残っていく。ただし、紐の始まりと終わりには結び目をつくる。それが上下2本あるというわけだ。
もう一度Ⅱ-8の全体写真を見て欲しい。「これは何だ」という意識から、うなってしまう作品に見えないだろうか。
さて、これだけの仕事をしてきたドロテアだが、現在、ハーレの大学も隠退して、本書の《下巻》で紹介するダニエル・クルーガーにその教授の席をバトン・タッチし、1人簡素で静かな生活を送っている。

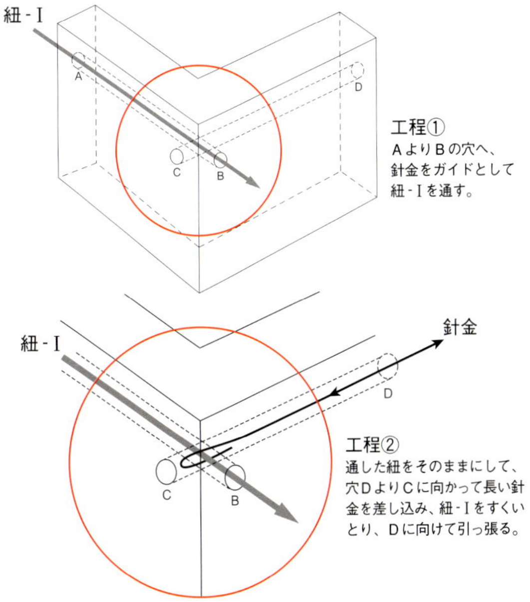

Ⅱ-11

CONTEMPORARY JEWELRY

【オランダの作家】

フィリップ・サイエ

Philip Sajet

I-1 母への贈物

フィリップ・サイエとの最初の出会いは、実に印象的なものだった。

かなり以前になる話だが、筆者がアムステルダムに滞在して、ジュエリー関係のパーティーに出席し、その会場から出ようとすると、反対側の遠くから私を目がけて歩いてくる男がいる。顔の表情を変えず、一直線にだ。そして私の近くに来ると、おもむろにポケットに手を突っ込み、1つの包みを取り出し、何も言わずに私にそれを握らせた。そのまま通り過ぎた彼だったので、私もわたされたものを握りしめたまま外に出た。ホテルに帰って開けてみると、彼の指輪だったのだ。今から考えると、いかにも彼らしい挨拶だった。その彼の写真が**I-1**だ。

フィリップといえば、まず思い出されるのが、**I-2**のブローチだ。このデザインはアメリカン・タトゥー(刺青《いれずみ》)の一般的なデザインだ。写真でMotherと入っている部分に、例えば、彼女の名前を入れて刺青をする。

バラとナイフの意味は、バラは分かるとして、ナイフは殺してやりたいほど好きだ、あるいはそれくらい憎らしいお前だ、という意味だろう。

あるいは、お前のハートに俺はこの剣で突き立てたのだ、と言っているのかも知れない。

彼はこれを母に贈ったのだ。

なぜなら、彼と母とは長い間仲が悪かったのだ。彼がジュエラーとして立とうとしていたのだが、それを一向に認めない。ある時などは、持っているダイヤモンドを、ふつうの宝石店に行って指輪につくってもらったほどなのだ。フィリップがジュエリーの仕事をしているのにだ。そんな間柄だったから、フィリップがこれを贈った時は激怒したそうだ。「私の心臓にナイフを突き立てるとは、何て子なの」というわけだ。しかし今は彼の仕事の意味も分かって、仲良くやっているそうだ。

彼にとって母子関係は大きな問題で、それを象徴するこの作品は大切なものだ、と言っている。このようにアートの作品は、ジュエリーに限らず、最初のきっかけは個人的なことが多い。今は歴史上の名作となっている絵画も、それが関わった最初の事情を聞くと、やはり個人的な、しかも納得してしまう理由が多い。しかし、それを超えて名作となっていくには、また、そんな理由を知らなくても人の心を打つ、その作品が持っている力なのだ。この作品についてもMotherという字とバラとナイフは、母子関係に複雑な思いを持っている人にはすぐに通じる。「そう、私も母にこの感情を持っている」と。

I-2 カリナン・シリーズとオランダ女王

もう1つの作品が、**I-3A〜D**までで、歴史上の有名なダイヤモンドのレプリカ・シリーズだが、その中でも**I-3C、D**の「カリナン・シリーズ」が有名だ。カリナン(Cullinan)とい

I-1　フィリップの横顔写真。どこかのレクチュアのようだ。

I-2　普遍的な刺青のデザインに、彼なりの母への思いを込めたブローチ。

I-3A　歴史上の有名ダイヤモンドのレプリカ・シリーズ。これは「ナザック」と呼ばれるもの。

I-3B　アメリカ、スミソニアンにある「ポルトガル」と呼ばれている、大きなダイヤモンド。

I-3C　これは「カリナンⅣ」で、「カリナンⅢ」と共に王冠にセットされている。

I-3D　これが本文中にあるカリナン・シリーズの「カリナンⅡ」と呼ばれるもの。

えば、イギリス、ロンドン塔にある第一級の宝物で、今でも観光客がロンドン塔に行くと、魅せられるのは、このダイヤモンドだ。

このカットされた石のうち、最大のサイズが「カリナンⅠ」で、以降Ⅱ〜Ⅸまである。Ⅰはイギリス国王の戴冠式の王笏《おうじゃく》(式に使う杖)、Ⅱはイギリス国王冠にはめ込まれている。面白いことに、このカリナンと同じサイズ、同じ形で水晶からつくってくれる会社がある。この会社は、歴史上有名な宝石を、レプリカとしてつくってくれる。その所在地は、ドイツのイーダーオブスタインというところだ。日本の甲府と同じく、ドイツの宝石研磨の中心地として有名だ。そこのある会社が、このカリナンのレプリカをつくっていて、カタログまである。もちろん素材は、ガラスか水晶だ。フィリップはこのカタログを見て、歴史上有名なダイヤモンドをかなりの数を注文した。その中からつくったのが、I-4の「オランダ女王」と名づけられたダイヤだ。

I-4　これは「オランダ女王」と名づけられているが、彼は別名「ブルント」と呼んでいる、彼の犬の名だ。

I-5　I-4のサイド。七宝の部分とバーが入っているのが見える。

私達にとって、こういう見本石は歴史的な見方しか出来ない。だから、それを使って作品にしようなどとは思えないのだが、彼はそれを堂々と18金のすばらしいリングにつくってしまう。**I-4**は、よく見ると、石のフクリンサイドは肌色の七宝が施されていて、**I-5**のようにリング自体も2色の七宝がかけてある。リング部にバーが入っているのも、よく考えている。こんなに大きな石をわたされて、指輪にしろと言われ、これだけの形に料理するのは、力がないと出来ない。

「カリナンV」は、**I-6～8**のようなデザインになった。見れば分かるように花柄のデザインだ。このように、「カリナン・シリーズ」を色々に変化させていく。**I-9**は、この水晶の「カリナンV」を割ってつくったネックレス様の、グラフィック作品だ。彼はこういう平面の仕事が実にうまい。

I-6 「カリナンV」を、今度は花柄の指輪にしたのだ。I-4と違って、何ともかわいらしい。

I-7

I-8

I-9 「カリナンV」を細かく割って、グラフィック的にデザインした。この写真は、雑誌の1頁に紹介された。

I-3 バタフライ・ネックレス

もう1つ彼の作品で、彼の考えがはっきり見てとれるのが、**I-10**の「ブラック・バタフライ」というネックレスだ。見て分かる通り、蝶の羽根の形をしたネックレスだ。**I-11**の1匹の蝶に注目して見ると、中心の胴体は18金だ。羽根は銀で、ニエロ(黒色)加工がしてある。金属の表面を黒くする1つの技法だ。それがこの蝶の印象を、おどろおどろしくさせている。

それもそのはずで、彼は一般の人がすばらしいと言う蝶を全然違った目で見ている。彼は言う、「みんな毛虫は嫌いで蝶は美しいというが、毛虫の時代は長く、蝶になったら1週間ほどで死ぬ。だから、あれは死に向かう断末魔の苦しみの形なのだ。自分は毛虫の方が美しいと思う」。

確かに、これは蝶に対する新しい見方だ。それをジュエリーの作品で表わせるのが作家だ。

I-10 彼の作品の中でも、ひときわ異色のコンセプトを持つネックレス。

I-11 胴体は金、羽根は銀のニエロ仕上げ。

Philip Sajet

Ⅱ-1 大きな、ボリュームのある水晶を、面白いファセット・カットした。

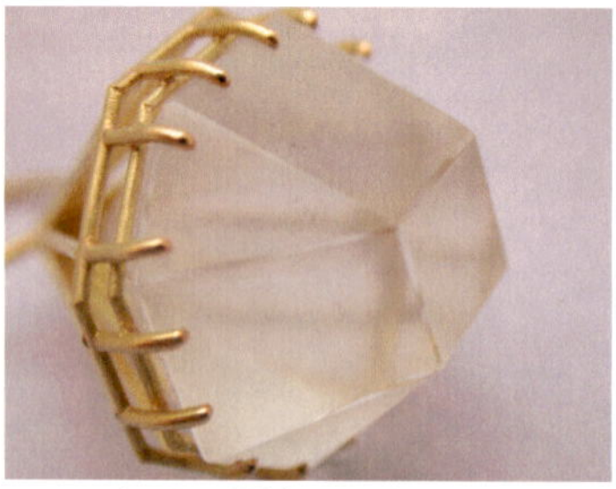

Ⅱ-2 カットの稜線部分のみ磨いてあるので、石の中をのぞくことが出来る。

Ⅱ カット・ストーン・シリーズ

彼はカットされた石が好きで、次の**Ⅱ-1**、**2**もそれを使っている。**Ⅱ-1**は、写真では半透明の石に見える水晶なのだが、よく見ると、石のカットの稜線だけが磨いてある。そのアップが**Ⅱ-2**だ。水晶を専門の人に磨いてもらった後、自分で1つひとつの面を紙ヤスリで磨いて、くもらせたそうだ。だから稜線から中をのぞくことが出来る。中味のきちんとある、ソリッドな石だと分かる。それに引き換え、**Ⅱ-3**は、黒い石のように見え、ずっしりと重いように見えるが、これは銀でつくられ、中は空洞だ。こういう見かけの違いの面白さを彼は、表現したかったらしい。

ここからは、カット石を使った彼の華やかな作品を見ていこう。フランス人でジュエラーだった彼の祖父の影響が出ているともいえる。

Ⅱ-4は、大きなダイヤに見えるかも知れないが、クオーツだ。こういうように、一見見間違えるようなフェイク・ストーンをユーモアとして楽しんでいるのだ。その流れの作品が少し続いていく。両側は鉄だ。**Ⅱ-5**は、中石は美しいガラスだ。**Ⅱ-6**の左側は、シンセチック・クオーツのピンクの石だ。要するにピンクの人造水晶だ。右側はふつうの透明水晶となっている。こういうガラスやシンセチック・ストーンを使うのも彼の得意技。ところが**Ⅱ-7**の石は、今度は手前のダイヤ、ほかのブラウンダイヤ共本物だ。それに七宝が独特の色感覚でつけられている。中のリング枠を見て欲しい。これに石は留められている。

Ⅱ-8は、ガラス会社のサンプル片をネックレスにしたものだ。だから1つひとつに、フランスのガラス会社の略名STDのマークが入っている。STDはガラス会社のある土地の略名だが、彼はその名をとって、これを「STDネックレス」と名づけている。**Ⅱ-9**もなかなか魅力的な作品だ。キューブは水牛の角、それにサンゴを組み合わせた意表を突くネックレスだ。

Ⅱ-3 中が見えなくて、いかにも重そうな石に見えるが、実際は銀でつくられ、中は空洞だ。

Ⅱ-4 大きなダイヤに見せかけたクオーツ。見た人をからかっているようだ。両側の石は鉄。

Ⅱ-5　一見、とても美しい色石に見えるが、ガラスだ。

Ⅱ-6 「ダブル・ダイヤモンド」と名づけられた作品。もちろん石は、シンセチック・ストーン。

Ⅱ-7　七宝に、今度は本物のダイヤとブラウンダイヤを絡ませた指輪。

Ⅱ-8　ガラスメーカーのサンプル棒でつくってしまったネックレス。

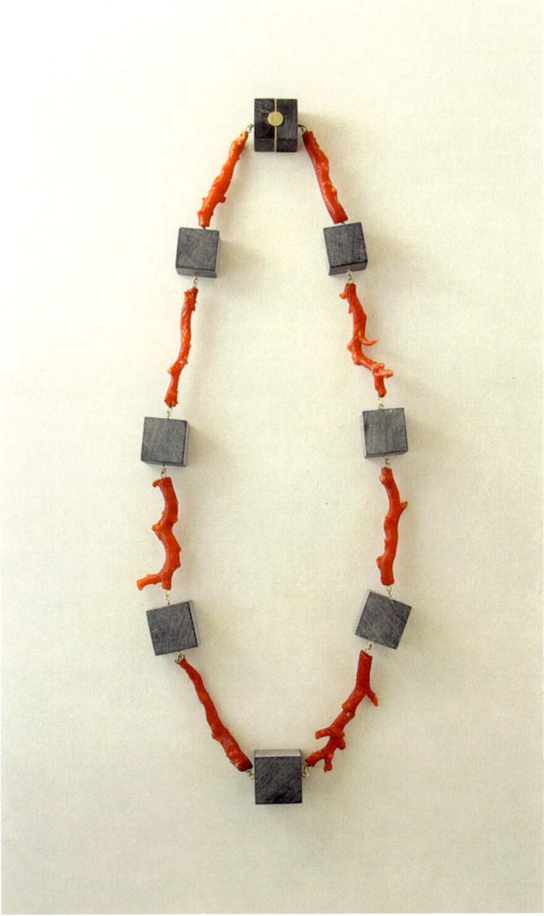

Ⅱ-9　サンゴは「ブラッド・コーラル」と呼ばれるもの。

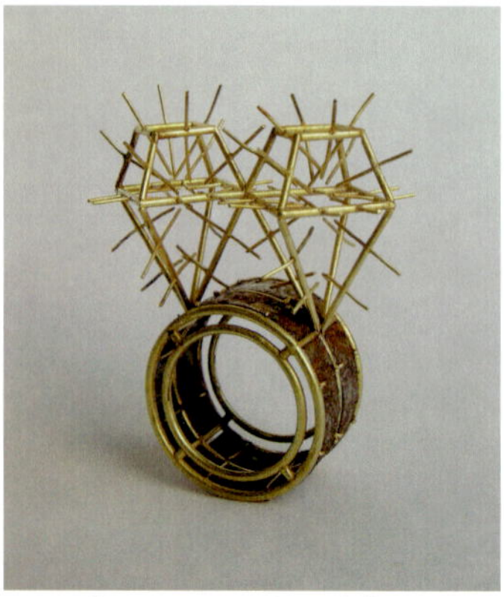

Ⅲ-1 「カクタス・リング」と呼ばれる、彼のシリーズの1つ。

Ⅲ カクタス・リング

彼のもう1つのシリーズに、**Ⅲ-1**から**Ⅲ-4**に見られる、線による構成の指輪がある。

Ⅲ-1は、彼の作品としても有名な、「カクタス(サボテン)・シリーズ」のリングだ。ダイヤの輪郭にサボテンのとげを思わせる線材を配している。下のリングは彼の素材の1つ、さびた鉄だ。**Ⅲ-2**と**3**は、WG(ホワイト・ゴールド)と、YG(イエロー・ゴールド)のリングだ。WGでダイヤの形をつくっているが、下のリング部の2つのデザインは金でつくられている。その形の変化を見て欲しい。

Ⅲ-4は、「赤い家」と名づけられたリングだ。リング部が赤いガラスでつくられているからだ。彼は言う、「家というものは誰もが欲するものだが、時に神聖なものであり、また世俗的なものでもある」「家の床はタイルのように見える。それはピエロ・デラ・フランチェスカの絵の中のタイルの床のようでもあり、チェス盤のようでもある」「家の屋根は三角であり、部屋は四角であり、リングは丸の形をしている。これは、私の最初のアート・スクールのマークでもあった」。

Ⅲ-2 ダイヤの形をWGでつくり、リング部は金。

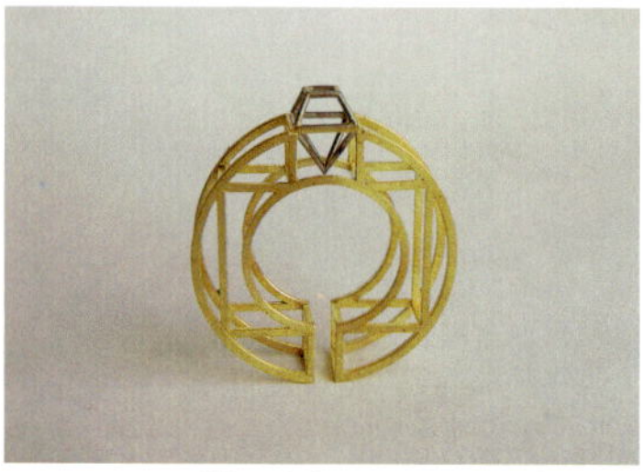

Ⅲ-3 リング部のデザインを、Ⅲ-2と変えている。

Ⅲ-4 「赤い家」と題されたリング。家の床の仕事が凝っている。象牙と黒檀のタイルだ。

Ⅳ 鉄さびリングの指輪

次は、鉄のさびたリングを使ったシリーズを紹介しよう。

Ⅳ-1は、町で拾った鉄のさびた輪を使い、中央にペリドットを配し、18金で指輪としている。一般にはゴミと思われ、価値を見出せないさびた鉄の輪に高価な宝石を組み合わせ、18金を使うのは、それぞれが同じ価値を持たせることが出来るよ、と言っているようだ。**Ⅳ-2**は、もっと華やかに、ルビーと組み合わせたものだ。七宝も使っている。

彼はこのシリーズをかなり多くつ

Ⅳ-1　ゴミと思われる鉄のさびた輪と、宝石であるペリドットを組み合わせたリング。

Ⅳ-2　Ⅳ-1よりもっと華やかに、ルビー８個と鉄輪で構成している。

Ⅳ-3　鉄の輪だけで構成したリング。

Ⅳ-4　鉄の輪を、今度は白水晶に置き替えたリング。

Ⅳ-5　Ⅳ-4の白水晶をネフライトに置き替えている。

Ⅳ-6　普通の石を平らにして、輪をつくり、ルビーと組み合わせた。

くっているが、**Ⅳ-3**は、鉄の輪だけで構成している。この輪のシリーズは、ほかの素材にも展開し、**Ⅳ-4**は、白水晶で同じような平たい輪をつくり、それを指輪にしている。

Ⅳ-5は、同じくネフライトのそれだ。それが**Ⅳ-6**では、ふつうの小石を平らに磨いて、輪としたリングにまで発展している。中央の石はルビーが入っている。

Ⅴ 小石の指輪

小石、つまりペブルで構成した指輪も彼独特のシリーズとなっている。**Ⅴ-1**の３つがそれだが、小石を平らに削り、それを写真のように、指輪全体にわたって構成していくところが新しい。なかなかこうは思いつかない。よく見ると、１番左の上には以前の作品に使われた、鉄のシングル・カットの石が使われている。このペブルは、鉄の輪の指輪で紹介したリングにも発展しているし、**Ⅴ-2**では、中央は実にきれいなピンク・クオーツ(シンセチック)を置き、両脇には茶と黒のペブルを配置している。

Ⅴ-1　見たらそうかと思えるが、なかなかにこのデザインは思いつかない。

Ⅴ-2　思い切ってピンク・クオーツとペブルを組み合わせた。

【日本の作家】

平松保城
Yasuki Hiramatsu

I ジュエリーに行き着くまで

この章では、日本のジュエリー界を今日まで引っ張ってきた平松保城を紹介したい。日本のジュエリー作家の精神的支柱として、また東京藝術大学(以後、藝大と書く)の彫金科教授として、後進の指導につくした功績は大きい。

さて、彼は大阪で父、平松宏春の末っ子として誕生した。父は彫金家で、平松の奥さんも、彫金家の桂信春の娘だ。信春の父は桂光春といい、平松の父の師でもあり、彫金の世界では高名な方だった。

昔のことだから平松の父、宏春は朝から仕事場にこもり、夕食が終わってからも11時頃まで、仕事に精を出したり、次の作品のプランを練っていたそうだ。当時の彫金の仕事は、作品的には花器や置物等を日展に出すことが中心であり、日常は打ち出しの帯留とか、袋物の金具等をつくっていた。

そういう物づくりの環境の中で、平松は育っていった。小学校にあがると、以前から絵が好きで、展覧会の賞をとったりしていた。そうした中で、大阪学藝大学(現・大阪教育大学)に入学し、終戦を迎える。

戦後は現在の東京藝大、工芸科に入学する。

学生時代は出品が日展中心だった。平松は言う、「当時はジュエリーをつくっていくなんて夢にも思わなかった。男が女の装身具をつくるなんて」と思っていたそうだ。

しかしこの頃から、「人の生活に密着したものをつくりたい。人間にとって、ただ、経済的、合理的なものばかりでなく、ゆとりを感じられるものをやっていきたい」「人が生きていくうえで価値あるものを追求したい」という思いは強かった。実は平松には軍隊入隊の体験がある。実戦にはならなかったが、その体験は「生と死」に毎日向き合うことだった。そういう経験からも、生きていくうえでの価値あるものの追求は深いものがあった。

そんな彼が、ジュエリーをつくってみようと考え始めたのは、1つは当時ジュエリーは財産と虚栄の世界としか見られなかったことによる。「人にとっても、社会にとっても、本当の価値あるものをつくりたい」と考えていた彼にとって、やってみる価値のある世界だった。

そんな考えから始めたのが、「銀線を買ってきて、金槌で叩いて、線が表情をつけていくのが楽しかった、そんなところから始まったのですよ」と彼は言う。その名残が、1965年の金槌で延べた、**I-1**の作品かも知れないのだ。

そうこうしているうちに1962年、平松は東京藝大の講師となる。

東京オリンピックが1964年であり、この頃から日本は経済的発展を遂げ始める。それまでジュエリーには目を向けなかった人々も、生活にゆとりを持ってくる。ダイヤモンド・シンジケートとして絶大な力を持っていた「デ・ビアス」も、日本をマーケッ

I-1　金槌のバッジの跡が美しいネックレス。
上は銀、下は18金。

II-1　指輪と上部の幾何形体とのバランスを、どうとっていくかが大きなポイント。

トとして意識し始め、日本支社をつくる。そして現在の「ジュエリーデザイナー協会(以後、略してJJDA)」も発足する。

このJJDAは、最初の実際の発起人は、菱田安彦、岩倉康二、山田礼子ら数人の仲間と、そして平松保城だった。

菱田がリーダー格で、発起人は藝大仲間だが、当時、ヨーロッパで起こっていたアートとしての創作ジュエリーの世界に触発され、日本にもその世界を展開させようと考えたのだ。

II 地金との対話

さて歴史的なことはこのくらいにして、彼の作品を見ていこう。

II-1は1970年の作品だ。どういうわけか、大家となる作家はたいてい若い時、丸、三角、四角という単純

II-2　平松の作風が表われ始めた作品。しかし、もう完成に近い。金(22K)を使って、やわらかさを出している。

II-4　あえて、この部分のみのアップ写真を入れてみた。

II-3　II-2とはまた違った表情。この表情をつくる時、平松は「やさしく、自然体で」と言う。

な形に挑戦している。前述したオットーもそうだった。こういう幾何形体はある程度の大きさが必要だが、もちろん手にはめた時のバランスも考えてある。**Ⅱ-2**、**3**は、1976年の作品展開になる。この頃、もう平松の基本的世界が確立していたように思われる。それは、一般に考えられている金属の性質「硬い、冷たい」とは対称的な、「やわらかい、やさしい、あたたかい」金属の追求という言葉になる。

彼の仕事は、道具は基本的なものしか使わない。後は、手と金属の対話となる。彼は冗談でこんなことを言う、「学生がこう言ったよ。『金属の世界は、鋳金、鍛金、彫金となりますが、先生の世界は触金、指金というのでしょうか』」と。

実際に**Ⅱ-3**のシリーズを手にとってみると、「金属にこんな表情があったのか」と思わされる。**Ⅱ-4**のアップ写真を見て欲しい。通常、作品のアップ写真は撮らないのだが、手にとって見られない読者のために、あえて載せてみた。**Ⅱ-2**とはまた違った表情をしているのだ。**Ⅱ-3**の裏は、**Ⅱ-5**のようになっている。

Ⅱ-3の上部はやわらかいから、当然裏張りが必要だが、平松は最初七宝を使っていた。しかしこの**Ⅱ-3**は、樹脂が埋めてある。七宝は変形や当たりによって細かく割れる。そこで樹脂に切り替えたのだ。当然そのままにはしておけないので、金箔を貼る。その金箔も銀、銅の割合の比で色が微妙に変わってくる。この場合は上面が少し暗い金色なので、裏はもっと明るい金箔を貼っている。この**Ⅱ-3**の表面をよく見ると、ヘラかけの跡が光って見える。もちろん、そのヘラかけもふつうのかけ方では金が潰れてしまう。ほんの少しヘラかけしてあるのに過ぎない。

Ⅱ-6は、幾何形体と金属のテクスチャーを融合させた作品だ。これは、丸、四角等の枠をつくり、そこにテクスチャーをつけた金の薄い板を固定しているのだ。そこに前述した七宝を裏に流している。このシリーズの別のタイプでは木型を、この丸、三角、四角につくり、かぶせて成型し、金属枠はつくらず、そのまま七宝を流したものもある。

Ⅱ-7は、東京の近代美術館の所蔵になった作品だ。そんなに厚くはない地金の表面を金槌で荒らし、半立

Ⅱ-5　裏は樹脂を入れて強度をつくり、その上にまた箔を貼っている。

Ⅱ-6　本当に外形とテクスチャーが一体となっている。厚さも10mm近くある。

Ⅱ-7　近代美術館所蔵となった作品。

II-8　II-6、7、8と同じ作風ながら、色々に表情が変わってくる。長さは82mm。

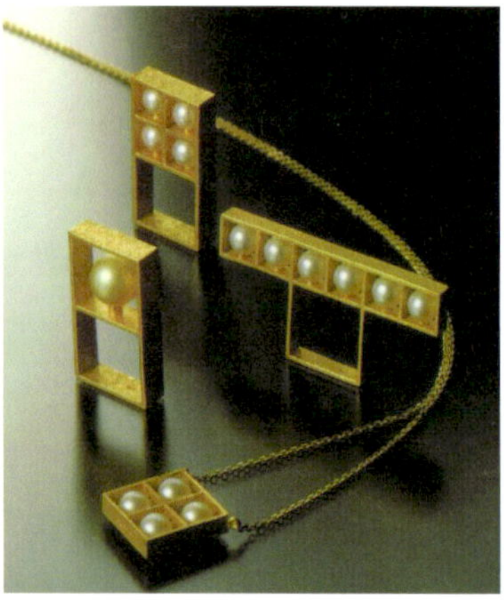

II-9　めずらしくパールを使った作品。企業より依頼された作品だった。

II-10 銀台にプラチナ箔、金箔を貼っている。輪郭の線がやわらかい。

II-11 ほとんど手だけの仕事。指が腫れてくることもある。

体のように曲げてきている。**II-8**は、外形が幾何形体だが、面の金属の表情はやさしく、その微妙なバランスがよい。

II-9は、企業の依頼に応じて、つくられたものだ。この作品はパールが使われているが、平松は石をあつかうのは気分的に難しかった、と言っている。やはり石の財産性に、アンチテーゼがあったのだろうか。

ところで、こういう幾何形体に近い形はついつい正面性のみを追ってしまうが、実は正面をはずした時の方がニュアンスが多い場合がある。平松はそれも計算してつくっている。

II-10は、金箔の作品だ。金箔が銀板の上に2、3層になって貼られている。面のテクスチャーは金槌でつけている。金槌の表面に、自分のつけたい表情を荒らしタガネでつけて、その金槌で作品を軽く叩き、表情を写しとる。この手段のほかにサンドブラストを使う時もある。平松は特に粒子の大きなサンドブラストを使うことが多い。遠くから作品を見た時の印象を大切にしてのことだ。あまりに細かい表面は迫力をなくす。平松はよくこんなことをいう、「ジュエリーというものは、遠目から見た印象がまず大事だ。それなのに玄人同士は、すぐ手にとってしげしげ近くで眺めたり裏を返したりする。もっと本質を考えようよ」と。このⅡ-10の上下２つの作品は、面の半分にプラチナ箔を貼ったものだ。その外形とのマッチがよい。

Ⅱ-11は最近作だ。金の厚さは0.1mm位。これを素手で表情をつけていく。もちろん何度も何度もなましてのことだ。平松は言う、「金属も生き物です。こう押せば、こう応える。ならば、こうしたらどう反応が返ってくるのか、金属の心をくみながらの仕事です。それに自分の年代によっても、この感じが違ってきます。今でもこんな繰り返しです。素手でやっているので、指が時に充血してきます」。これは22金だが、地金の金、銀、銅の割合によっても地金の反応が違ってくる。それが金属と会話しながらの仕事となる。

平松は約40年以上も１つのシリーズを追求している。そのことの大切さを思わされる作品だ。

Ⅲ 線との対話

もう１つの平松の作品の流れが線との対話だ。Ⅲ-1、Ⅲ-2だ。

線に関心を持ったのは、平松の若い時の大阪時代で、前述したように銀線を買ってきて、金槌で延ばす楽しさを知った時から続いている。これらの作品は日本よりも、海外での関心が高く、日本の文化を感じさせる作品となっている。それは、平松の作品が海外の本でとりあげられる時、ほとんどがこの作品シリーズだからだ。Ⅲ-1にしても、その線のふぞろいさ、テクスチャーのやさしさが相まって、そういう印象を与えるのだろう。平松は、日本の美しさの大きな要素は、捨てて、捨てていった究極の簡素だと言う。Ⅲ-1の作品は、言ってみれば、板を切ったに過ぎないものだが、平松の言う、削《そ》ぎ取って、出来るだけ単純なものに持ち込むという日本文化を表わしていると

Ⅲ-1　よく海外でとりあげられる作品。私達が見ても、日本を感じさせる。紙のやわらかさを金属で表現しているからだろうか。右はブレスレット。

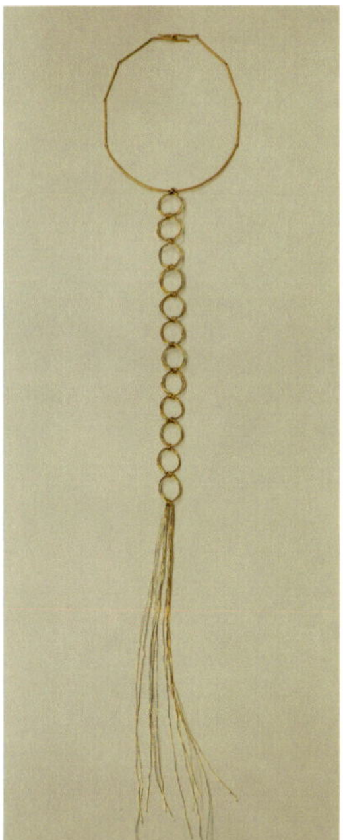

Ⅲ-2　これも海外で評価の高い作品。雰囲気が、しめなわを思わせる。

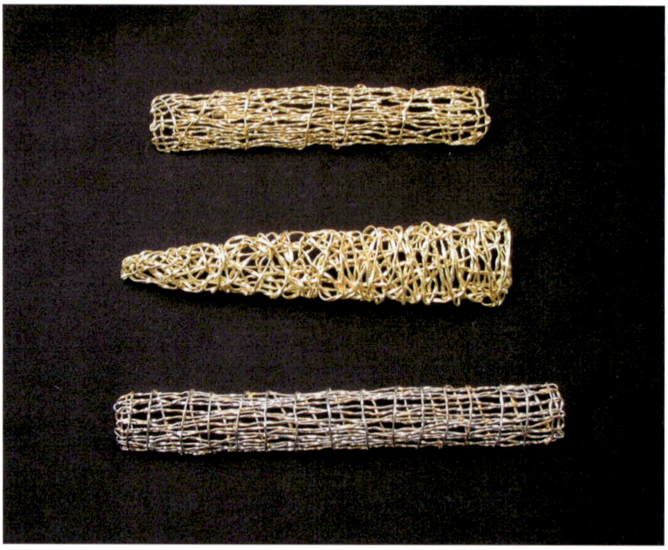

Ⅲ-3　平松はこのブローチを「いい加減にまとめたのですよ」と言っているが、その意味は、「楽しく、力を抜いてつくったのだよ」と言っているようだ。

Ⅲ-4　線がよじれているのが分かる。

Ⅲ-5　確か、平松の庭で撮った写真だと聞いている。金属のこのふっくらさ加減を感じて欲しい。

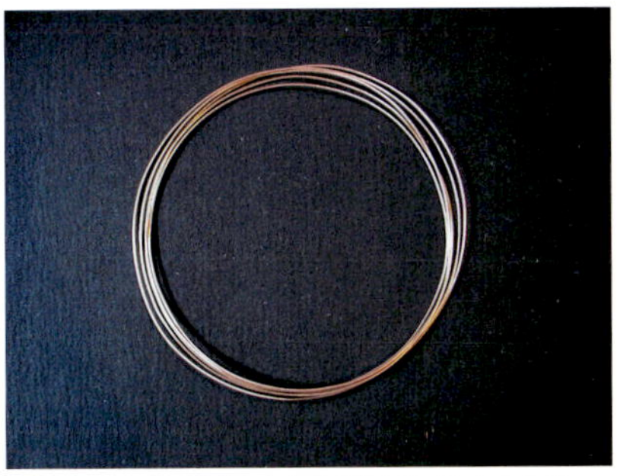

Ⅲ-6 すっきりとまとめられたライン１本１本には、テクスチャーがついているネックレス。

Ⅲ-7 Ⅲ-6の１本１本のアップ。サンドブラストによるテクスチャー。

感じる。

Ⅲ-2は、正に日本のしめなわのイメージだ。上部の小さい丸の部分と下の流した線は、すべてつながっている20金の線だ。この感覚は西欧の人には出てこないと思うが、私達にとって、とても懐かしい形だ。

Ⅲ-3は、ねじった角線によるブローチで、**Ⅲ-4**でその表情がよく見てとれる。

Ⅲ-5は、藝大退官記念図録に載っているブレスレットと指輪だ。平松はこの線材をつくる時、アトリエで長い線を用意し、ハンドドリルでゆっくりねじっていく。このブレスレットほどのボリュームではないが、やはり線材を何重かに巻いたネックレスが、**Ⅲ-6**だ。

このネックレスをロンドンのギャラリーでの展示会で、ほかの作家の章にも出てくるアントワープのギャラリーのオーナー、ソフィー・ラチエットが身につけて、オープニングに現われてくれた。平松は無造作につけてもらえればよいと思っていたが、彼女は、その１本１本の間隔をきっちり自分で調整して身につけてくれた。平松はそんな経験からも、つくり手と同じように使い手も大切だ。その使い手も流行に流されず、自分のスタイルを持って欲しい、と言っている。それは平松の言う、「現代生活とつながりのあるもの、人が気楽に使えるもの、普遍性のあるもの、健康的なもの、展示会のためだけではないものを仕事にしたい」というところからもきている。

Ⅲ-7は、**Ⅲ-6**のネックレスのテクスチャーを見てもらうためにアップにした写真だ。このテクスチャーは、サンドブラスト(高圧の空気でガラスビーズを作品に吹きつけ、荒らし文様をつける)加工だと聞いている。

Ⅳ 幾何形体と器

Ⅱの項で、大家となる作家はたいてい幾何形体をつくっていると書いたが、平松のその後の幾何形体は、**Ⅳ-1**のような展開になっている。これは1975年の作品だが、すでに金属表面のテクスチャーが大切な表情となっている。というより一貫して金属の「やさしさ、やわらかさ」を表現していくのに、どの形を借りたかだ

Ⅳ-1 表面の表情のやわらかさ、複雑さが幾何形体の輪郭のすっきりさと、きっちりさがよい対比を成している。

Yasuki Hiramatsu

Ⅳ-2　この3つ、凸と凹とでもいえようか。
幾何形体にアクセントをつけようとすると、
こうなる、の1つの答えだろうか。

Ⅳ-3　この線は3mmの角パイプ。身体につけても、ディスプレーされても、どちらも美しいネックレス。

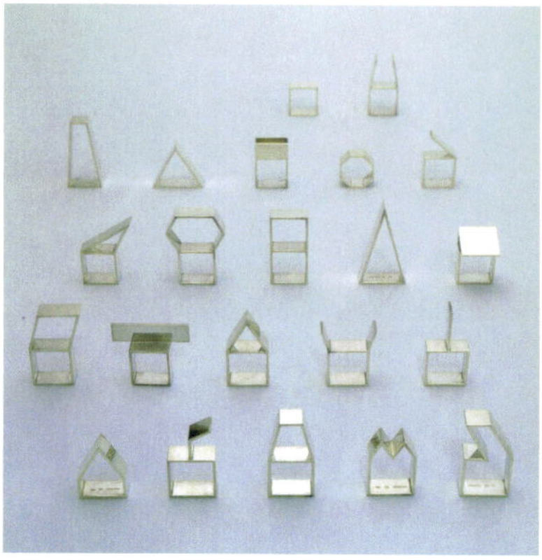

Ⅳ-4　全部で22個。925のスターリング・シルバー。1個1個を目で追っていくと楽しい。

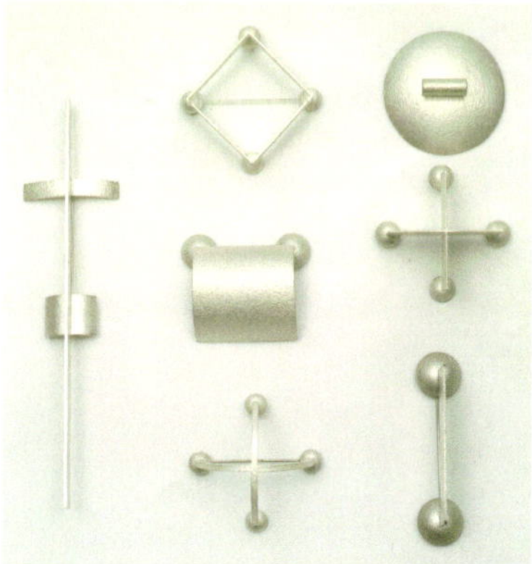

Ⅳ-5　半球をテーマにした一連の作品ともいえようか。ブローチでありながら、三次元的。

けだとも言える。その展開がⅣ-2だが、どうしてⅣ-1からⅣ-2になったかという質問に、彼はこともなげに、「色々なものをつくりたかっただけですよ」と言う。作品の流れにはとても必然のこともあるし、たまたまそうなっていくこともある、と言いたかったのかも知れない。

平松の作品と言ったら、ほとんどの人が最初に紹介した素手で金属に曲げやしわをつくってきたシリーズと、線材のシリーズしか思いつかず、その道だけをしっかり守り通してきたという感じが強いのだが、平松の中では、それ以外の作品も自由につくってきたという思いがあるのかも知れない。

Ⅳ-3は見た通り、デザイン的には線の構成でネックレスをつくっている。幾何形体をこれだけシンプルなネックレスに仕立てあげるのは大変なことだ。究極の形といえようか、線はすべて角パイプでつくられ、身体に添う部分は角パイプを細かく切って、身体のカーブに馴染むようになっている。首の後ろにあたる部分が直線で違和感があるように見えるが、この幅なら問題がない。この直線部の中央を少しはずれたところに金具が仕掛けてある。身体につけても、またディスプレーされるだけでも、その簡素な美しさを失わない。これらの形は1980年代になると、Ⅳ-4のリングや、Ⅳ-5のブローチにつながる。この2つの作品は、藝大退官記念展にも出品された。

幾何形体といえないかも知れないが、Ⅳ-6のように、最近作は実に軽やかな形となっている。これは純金を叩いて、しめた線が使われている。

平松は当然のことながら器もつくっている。それがⅣ-7だ。大きさは直径約80mmに近い。中は七宝で固めてあるので液体も大丈夫だ。この器は酒盃であるが、茶会でも使われたら確かに異色だ。手触りも陶器にはないものだ。Ⅳ-8は、大きな花器だ。中に落としが入っていて、花を生けられる。「飛」と名づけられていて、ロンドン、ヴィクトリア・アルバート

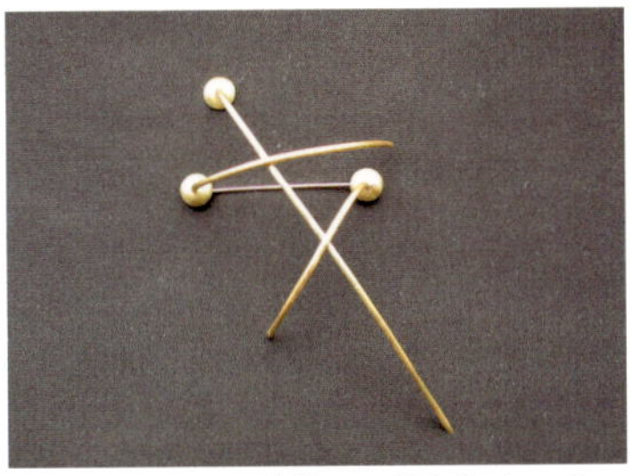

Ⅳ-6　Ⅳ-5より15年後につくられたブローチ。2つを比べると、年齢の奥行と遊び心が感じられる。

Ⅳ-7　直径74mm、表情のすごさと手触りの異色さは、金属ならではの表現。酒盃。

Ⅳ-8　「飛」と名づけられた花器。直径が25cm、高さ21cmある。大きくて華やかなこの花器。何の花を生けようか考えてしまう。

Ⅳ-9 「クラウン」と名づけられている。材はアルミニウムに金箔。遊び心十分な、新しい王冠。

美術館の所蔵となっている。大きな作品は、**Ⅳ-9**にあるように、「クラウン」と名づけられた作品で、アルミニウムにつけられた金箔がひらひらして、クラウンの華やかさを出している。写真はご本人だ。お茶目なところもある人で、海外の個展では何回か上半身裸で、自作を身につけ、オープニングに登場したことがある。

V 安楽寺と住まい

最近の平松の制作活動は以前にも増して元気だ。展示会が各地で連続して行なわれている。その中で京都、安楽寺で行なわれた開山800年記念展の様子を紹介しよう。安楽寺そのものは、有名な等持院の先にある、奥まった、なかなかの寺だ。そこを会場に見立てての展示が、**V-1～3**だ。

V-1は、平松の花器に花が生けられ、美しい畳の二間に、ふすまが開け放され、東京では見られない展示になっている。手入れの行き届いた庭を背景にした作品が、**V-2**だ。京

V-1　こうして見ると、日本の畳のすばらしさを改めて感じてしまう。このように、広くも狭くも空間をつくれるところが日本家屋の特徴。金箔が畳に映えている。

V-2　庭の手入れもすばらしいが、外の明と内の暗とのコントラストが京都だ。

都の庭は心安まる。V-3の床の間の作品は平松のものだ。このためにつくられたものではないが、実にうまくおさまっている。鉄の平たい線で構成されている。その金属の色と、床の間の壁の色とが具合よい。高さは1.4m位。

さてここで、平松の住まいを紹介しておこう。

V-4がその玄関であり、V-5は庭だ。この庭を眺めながら、お茶をいただいたことのある海外のジュエリー作家は多いし、現に私(水野)も、ヒコ・みづのジュエリーカレッジの先生方と一夕おじゃましたことがある。

ところで、この住まいにはこんな話がある。銀座に「ムネ工芸」というギャラリーがあった。大きな、有名なギャラリーで、出入りする作家の人も多く、藝大生もよく親しみ、そのオーナーの実家の自宅には、作家や、美大生がよく遊びに来て、食事をしたり、庭の窯で焼物を焼いたりしていた。陶芸の作家、藤本能道もその1人だった。

V-3　これは大きい。鉄製で1.38×1.04mある。床の間の金箔を背景にかけられている。

V-4　日本家屋には、夕方が一番陰影がすばらしい。多くの海外作家が、この門をくぐっている。

V-5　手入れも大変な庭、ここでいくつかの作品も撮影されている。

オーナーである夫人が、よく作家達の面倒を見ていたのだ。ところが、その奥様が急に亡くなられ、家が残ってしまった。由緒ある建物なので、どうするかということになった時、出入りの大工が、どういうわけか、今の平松の住居の場所を見て、ここがよい、ここに移築しようということになってしまった。それがこの建物なのだ。平松の作品の中には、この庭のどこかで写真を撮ったものもある。

先に紹介した安楽寺と、平松の住まいの雰囲気がとても似ているのも、当然といえば当然、不思議といえば不思議だ。

この平松の章を終えるにあたって、このような感慨がある。

平松の作品をいくつかに分類して述べてきた。確かに制作の年代順に見るよりは、はるかに分かりやすく、一応は理解したつもりになるかも知れない。しかし、作家活動はこのようなものではなく、ここまで述べてきたいくつかのカテゴリーを行きつ戻りつし、ここでは紹介していない作品にも足を踏み入れ、また引き返したりしているのだろう。しかし、このように整理して、本に載ってしまうと、一本道のようになってしまう。

また、この文はあたりまえながら、平松保城について、私が見た1つの見方なのだ。そこを読者が、よくくみとって欲しく、固定観念を持たないで欲しい。

CONTEMPORARY JEWELRY《コンテンポラリー ジュエリー》

世界のジュエリーアーティスト

《上巻》

資料編

■作品データ

■写真提供一覧

■取材協力・資料提供一覧

■作品データ

（サイズ記号／H＝高さ　W＝幅　D＝奥行　L＝長さ　∮＝直径）（素材記号／WG＝ホワイト・ゴールド　YG＝イエロー・ゴールド）

●オットー・クンツリ

タイトル／作品種目		素材	サイズ	制作年
Ⅰ　学生時代からラバーバンドまで				
Ⅰ-1	ブローチ	金　銀　サファイア	H65×W58mm	1971
Ⅰ-2	ブレスレット	銀　WG　YG　スティール	H95×W63mm	1974
Ⅰ-3	ブローチ	銀　WG　YG	H55×W45mm	1973
Ⅰ-1　想像の風景				
Ⅰ-5	作品例＝ブローチ（最上段左端）	V2Aスティール　金	H63×W20mm	1974
Ⅰ-4　円錐や円柱のブローチ				
Ⅰ-10	ブローチ	銀	H15×W15×D15mm	1978
Ⅰ-13	ブローチ	銀　金	円盤∮22.5×H22.5mm	1979
Ⅰ-14	ブローチ	銀　金	円柱∮22.5×H12.5mm	1979
Ⅰ-5　フェルトペン・ブローチ				
Ⅰ-15	フェルトペン・ブローチ	フェルトペン軸	∮×H105mm	1976
Ⅰ-6　ラバーバンド				
Ⅰ-18	ブローチ	輪ゴム　鉄	H170×W102mm	1980～'81
Ⅱ　黄金のブレスレット				
Ⅱ-1	ブレスレット	ゴムチューブ　金	∮75mm	1980
Ⅲ　売約済ピン				
Ⅲ-1	ブローチ	既製の画鋲　ゴム	∮9mm	1980
Ⅳ　壁紙ブローチ				
Ⅳ-1	ブローチ	台素材＝発泡プラスチックに壁紙	H78×W200×D90mm	1983
Ⅳ-2	ブローチ	台素材＝発泡プラスチックに壁紙	H109×W233×D20mm	1983
Ⅳ-3	ブローチ	台素材＝発泡プラスチックに壁紙	∮69×H52mm	1983
Ⅳ-4	ブローチ	台素材＝発泡プラスチックに壁紙	H96×W175×D125mm	1983
Ⅴ　スイス・ゴールドとドイツマルク				
Ⅴ-1	ブローチ	紙　アクリルガラス　スティール	H240×W85×D43mm	1983
	ネックレス	200枚のドイツマルク	重さ1.2g	1983
Ⅵ　ビューティ・ギャラリー、フラグメント、ブロークン・ミッキーマウス				
Ⅵ-3	写真		H750×W625mm	1984
Ⅵ-4A	ネックレス	イタリアのアンティーク 額縁の一部	H60×W145×D21mm	1987
Ⅵ-4B	ネックレス	木　一部金箔　銀箔　銀　スティール	H80×W130×D42mm	1987～'88
Ⅵ-4C	ネックレス		H90×W125×D40mm	1987～'88
Ⅵ-5	ネックレス	木　金箔　スティール	H85×W120×D70mm	1988
Ⅵ-7	ネックレス	木　金箔　スティール	H95×W85×D22mm	1988
Ⅵ-8	ネックレス	木　金箔　スティール	H125×W100×D35mm	1988
Ⅵ-9	ネックレス	木　金箔　スティール	H97×W75×D10mm	1988
Ⅵ-10	ショルダーピース	ハードフォームに白塗装	H60×W45×D45mm	1992
Ⅵ-11	リング	金	H36×W35×D7mm	1993
Ⅵ-12	ブローチ	アクリルガラス　ミラー	H90×W95×D14mm	1993
Ⅵ-13	ネックレス	アクリル	H65×W70×D45mm	1993
Ⅵ-14A	ピン	真珠	H11×W11×D7mm	
Ⅵ-14B	イヤリング（大）	真珠	H11×W11×D7mm	
	イヤリング（小）	真珠	H6×W6×D4mm	
Ⅵ-14C	ネックレス	真珠	H11×W11×D7mm	
Ⅶ　ハート				
Ⅶ-1	ブローチ	ハードフォーム　ラッカー スティール	H95×W90×D45mm	1985
Ⅶ-2	ネックレス	金	H8×W8×D10mm	1995
Ⅶ-3	彫刻	金	H8×W8×D1000mm	1995

Ⅶ-4　ネックレス	ステンレス・スティール	H15×W15×D15mm	1993
Ⅶ-5　ネックレス	シルバー黒仕上げ	∮10mm	2002
Ⅶ-7　ネックレス	鉄　ステンレス・スティール	H55×W17×D35mm 重さ150g	2002～'03
Ⅶ-8　オブジェ	ステンレス・スティール	H35×W120×D35mm	2002～'03
Ⅶ-9　ブローチ	銀　金メッキ	H60×W55mm	1998
Ⅶ-11　ブローチ	真鍮にペイント	∮60mm	1997
Ⅶ-13　ブローチ	真鍮にペイント	顔部分32×26mm	2003

●伊藤一廣

タイトル／作品種目	素材	サイズ	制作年
Ⅱ　ミキモト時代			
Ⅱ-1　リング	プラチナ　バケット・ダイヤ	H40×W12×D2mm	1972
Ⅲ　海外への活動			
Ⅲ-1　ブローチ	白大理石　銀	∮55×D8mm	1976
Ⅲ-2　ブローチ	白大理石　銀	H25×W90×D15mm	1976
Ⅲ-4　ブローチ	白大理石　銀	∮65×D15mm	1976
Ⅳ　初期の作品			
Ⅳ-1　ブローチ	黒御影石　金線	H28×W78×D3mm	1982
Ⅳ-2　ブローチ	黒御影石　金線		1982
Ⅳ-3　ブローチ	黒御影石　金線	H6×W6×D3mm	1982
Ⅳ-4　ブローチ	黒御影石　純金	W150mm	1983
Ⅳ-5　ケース	木	H95×W540mm	
Ⅳ-7　ブローチ	グラナイト　ビニール	∮115mm	
Ⅳ-8　ブローチ	グラナイト　ビニール　安全ピン	∮175mm	
Ⅳ-9　ネックレス	グラナイト　ビニール	∮230mm	
Ⅳ-10　ネックレス	鉄板　ビニールシート	∮250mm	1990
Ⅳ-12　ブローチ	竹ヒゴ　ビニールシート	H30×W195mm	1988
Ⅴ　教育者として			
Ⅴ-6　オブジェ	アルミニウム	左＝H105×W60mm 右＝H80×W80mm	
Ⅴ-20　オブジェ	ジャンク	左端の木＝H150×W15mm	
Ⅴ-21　リング	ジャンク	左端の花びら＝∮70mm	
Ⅴ-22　リング	軍手の先	左端上部＝H30×W10mm	
Ⅴ-23　ブローチ	プラスチック模型の湯道	H70×W80mm	
Ⅵ　イコン、幻木、嗜欲の器			
Ⅵ-3　ブローチ	銀　金	H50×W50mm	1991
Ⅵ-4　ネックレス	木片	∮300×H50mm	1992
Ⅵ-6　ネックレス	木片	∮300mm	1992
Ⅵ-7　ネックレス	木片	∮300mm	
Ⅵ-8　ブローチ	木刀の破片に亜鉛膜	W260mm	1993
Ⅵ-10　ブローチ	木片に亜鉛膜	H100～400mm	1993
Ⅵ-11　オブジェ	木材	H±200mm	1993
Ⅶ　ワックスの中の廃材鉄線			
Ⅶ-1　ブレスレット	プラチナ線　鉄線	∮80mm　木枠H400×W400mm	1994
Ⅷ　最後の遺作			
Ⅷ-1　ブレスレット	麻　純金の細い糸		1996
Ⅷ-2　ブレスレット	麻　純金の細い糸		1996
Ⅷ-3　ネックレス	麻　純金	∮300mm 木枠H380×W500mm	1996
Ⅷ-4　ネックレス	麻　純金	∮300mm　木枠H500×W450mm	1996

作品データ

Ⅷ-5　オブジェ	段ボール	H118×W74×D8mm	1997

●ワーウィック・フリーマン

タイトル／作品種目	素材	サイズ	制作年
Ⅰ　スター(1)			
Ⅰ-1　ブローチ	白蝶貝	∮35mm	1990
Ⅰ-6　ブローチ	白蝶貝　ジャスパー	H70×W70mm	1994
Ⅰ-7　ブローチ	牛骨	H67×W67mm	1994
Ⅰ　スター(2)			
Ⅰ-8　ブローチ	白蝶貝	1辺80mm	1991
Ⅰ-10　ブローチ	ステンレス・スティール	H85×W85mm	1992
Ⅰ-12　ブローチ	ネフライト　金　銀	H65×W65mm	1991
Ⅰ　スター(3)			
Ⅰ-14　ブローチ	白蝶貝　銀　金	H50×W50mm	1989
Ⅰ-15　ブローチ	白蝶貝　ジャスパー　金	H110×W85mm	1992
Ⅰ-18　ブローチ	白蝶貝	1辺60mm	1989
Ⅰ-19　ネックレス	白蝶貝　金　金箔	L950mm	1989
Ⅰ-20　ネックレス	溶岩　塗料　銀	L850mm	1990
Ⅰ-21　ブローチ	銀	H50×W90mm	1989
Ⅱ　初期の作品－1990年以前－			
パウア・シェル			
Ⅱ-1　ネックレス	パウア・シェル　プラスチック	∮180mm	1982
Ⅱ-2　ペンダント	パウア・シェル　プラスチック　銅	W130mm	1984
Ⅱ-3　ネックレス	パウア・シェル	W160mm	1982
Ⅱ-4　ブレスレット	パウア・シェル	∮100mm	1985
ラバ(溶岩)			
Ⅱ-6　ネックレス	ラバ　銀	L500mm	1986
Ⅱ-7　ネックレス	ラバ　銀	L750mm	1989
Ⅱ-8　ブローチ	ラバ　塗料　銀	∮60mm	2003
Ⅱ-9　ブローチ	ラバ　塗料　金	H50×W60mm	1992
スター・ハート、シルバー作品			
Ⅱ-14　ペンダント	白蝶貝　クオーツ　鮫の歯　豚のきば	40×35mm	1991
Ⅱ-15　ブローチ	白蝶貝　ラバ　金　塗料	H65×W35mm	1989
Ⅱ-17　ブローチ	銀	W180mm	1987
Ⅲ　中期以降の作品－1990年以降－			
ジェムストーン・ブローチ			
Ⅲ-1　ブローチ	ジャスパー　白水晶 メノウ　レジン	∮45mm	2005
4 bits of fish (4つの魚の部分)			
Ⅲ-2　ブローチ	骨　ステンレス・スティール 黒曜石　水晶　鉄　金箔	左＝L75mm	1993
フック(釣針)			
Ⅲ-5　ペンダント	牛骨	L55mm	1993
インシグニア			
Ⅲ-7　ブローチ	クオーツ　ジャスパー　ネフライト 白蝶貝　べっこう　牛骨　銀	6個のL280mm	1997
Ⅲ-8　ブローチ	ネフライト　銀	H35×85mm	1997
ブラック・リーフ(黒い葉)			
Ⅲ-9　ブローチ	木片	H65×W65mm	2004
白い蝶			
Ⅲ-11　ブローチ	銀　ウレタン塗料	W21mm	2000

Ⅲ-14　ブローチ	化石木	W75mm	2000
黒いバラ			
Ⅲ-15　ブローチ	銀	∮50mm	1990
ムール貝とホワイト・ハートのブローチ			
Ⅲ-17　ブローチ	ムール貝　銀　塗料	W87mm	2000
Ⅲ-19　ブローチ	ホタテ貝　銀	L80mm	2000
ブレイン(脳)			
Ⅲ-21　ブローチ	白蝶貝　銀　塗料	W70mm	2002
葉の顔(Leaf face)			
Ⅲ-22　ブローチ	べっこう　銀	H80×W60mm	2004
マオリ・リング			
Ⅲ-23　リング	ネフライト	H35×W32×D22mm	2004

●テレーゼ・ヒルバート

タイトル／作品種目	素材	サイズ	制作年
Ⅰ　20歳代、In her 20s			
Ⅰ-1　ペンダント	銀　金	左円盤∮30mm　右∮19mm	1973～'74
Ⅰ-2　ブローチ	銀　金	H42×W42mm	1975
Ⅰ-3　ブローチ	銀　縁は金	∮80mm	1978
Ⅰ-4　ペンダント	銀　金	∮70mm	1979
Ⅱ　30歳代以降、after '30			
Ⅱ-1　ブローチ	プラスチック・バッグ	1辺50～80mm	1982
Ⅱ-3　ブローチ	PVC　綿	H80×W80mm	1980
Ⅱ-1　レッド・ネック・ピース			
Ⅱ-4　ネックレス	真鍮に赤い塗装 スティール・ワイヤー　PVC	∮430×450mm	1983
Ⅱ-5　ブローチ	銀925	H150×W125×D32mm	1985
Ⅱ-6　ペンダント	銀925	∮100mm	1985
Ⅱ-7　ブローチ	真鍮にクロームメッキ	H50×W150×D8mm	1985
Ⅱ-9　ブローチピン	銀	H200×W12mm	1988
Ⅱ-11　ブローチ	真鍮　スティール	H210×W62×D5mm	1984
Ⅱ-12　ブローチ	シルバー	左＝H1350mm　右＝∮65mm	1989
Ⅱ-2　エモーション			
Ⅱ-13　ブローチ	銀	H43×W82×D40mm	1991
Ⅱ-14　ブローチ	銀	H24×W75×D62mm	1992
Ⅱ-15　ブローチ	銀	∮44×H28mm	1993
Ⅱ-16　ブローチ	銀	H33×W75×D45mm	1994
Ⅱ-17　ブローチ	銀	H25×W74×D50mm	
Ⅲ　最近作			
Ⅲ-1　バルケノ(火山)			
Ⅲ-1　ブローチ	銀	∮53×H38mm	1996
Ⅲ-2　ブローチ	銀　サンゴ	∮69×H30mm	1996
Ⅲ-3　ブローチ	銀　溶岩	∮49×H24mm	1995
Ⅲ-4　ブローチ	銀	∮57×H34mm	1995
Ⅲ-2　キャリア・オブ・シークレット			
Ⅲ-6　ブローチ	銀	パールの作品H16×W32×D22mm	1997
Ⅲ-3　Hollow but not empty			
Ⅲ-7　ブローチ	銀	∮55×H35mm	2001
Ⅲ-8　ブローチ	銀		1999～'03
Ⅲ-4　In self, for self			
Ⅲ-9　ペンダント	銀	∮48×H44mm	2003

作品データ

Ⅲ-10　ペンダント	銀	∮46×H59mm	2003
Ⅲ-5　Funnel（ジョウゴ）			
Ⅲ-11　ペンダント	銀	H103×∮65mm	2004
Ⅲ-6　Glow（成長）			
Ⅲ-12　ブローチ	銀	H43×W60×D40mm	2004～'06
Ⅲ-13　ブローチ	銀	H70×W62×D18mm	2004

●ドロテア・プリュール

タイトル／作品種目	素材	サイズ	制作年
Ⅰ　ドロテアの原点			
Ⅰ-2　ブローチ	象牙　金	W50mm	1978
Ⅰ-3　ネックレス	金	H550mm	1992
Ⅰ-4　ネックレス	木	∮280mm	1992
Ⅰ-5　ブローチ	木	H40mm	1991
Ⅰ-7　ネックレス ブローチ	銀　金	カエル1つH±55mm	1986
Ⅰ-8　ネックレス	チタン	∮400mm	1996
Ⅰ-9　ネックレス	ファンガス（キノコ）　ダイヤモンド	∮370mm	1987
Ⅰ-10　ブローチ	アルミニウム	左＝H180mm	
	ステンレス・スティール	右＝H210mm	1989
Ⅱ　内在する力			
Ⅱ-1　ネックレス	木	鳥1つH±100mm	2003
Ⅱ-3　ネックレス	チタン　金	∮380mm	2002
Ⅱ-6　ネックレス	チタン　金	∮350mm	1999
Ⅱ-8　ネックレス	木	パーツ1つH60mm	1999

●フィリップ・サイエ

タイトル／作品種目	素材	サイズ	制作年
Ⅰ-1　母への贈物			
Ⅰ-2　ブローチ	七宝	H60×W55mm	1993
Ⅰ-2　カリナン・シリーズとオランダ女王			
Ⅰ-3A　リング	金　七宝　水晶	1辺±35mm	2000
Ⅰ-3B　リング	金　七宝　水晶	H30×W25mm	1999
Ⅰ-3C　リング	金　七宝　水晶	H40×W35mm	2000
Ⅰ-3D　リング	金　七宝　水晶	H45×W40mm	1999
Ⅰ-4　リング	金　七宝　水晶	H40×W36×D35mm	
Ⅰ-6　リング	金　七宝　水晶	∮±25～30mm	1999
Ⅰ-3　バタフライ・ネックレス			
Ⅰ-10　ネックレス	金　ニエロ　サファイア	∮240mm	1999
Ⅱ　カット・ストーン・シリーズ			
Ⅱ-1　リング	水晶　金	∮28×H34mm	2002
Ⅱ-3　リング	銀　金	H25×W14×D40mm	1998
Ⅱ-4　リング	クオーツ　両側鉄　金	H25×W30mm	2003
Ⅱ-5　リング	ガラス　金	H25×W35mm	2003
Ⅱ-6　リング	シンセチック・ピンク・クオーツ　金	∮30×∮40mm	2003
Ⅱ-7　リング	ダイヤモンド　七宝　金	∮21×W21mm	2005
Ⅱ-8　ネックレス	ガラスサンプル　金	∮270mm	2006
Ⅱ-9　ネックレス	サンゴ　水牛の角	L300mm	2003
Ⅲ　カクタス・リング			
Ⅲ-1　リング	金　鉄	H50×W45×D22.5mm	2003
Ⅲ-2　リング	金　WG	H48×W36mm	2003
Ⅲ-3　リング	金　WG	H43×W36mm	2003

Ⅲ-4　リング	金　象牙　黒檀	H55×W25×D18mm	2005
Ⅳ　鉄さびリングの指輪			
Ⅳ-1　リング	鉄の輪　ペリドット　金	∮36×H45mm	2005
Ⅳ-2　リング	鉄の輪　ルビー　金　七宝	∮32×H33mm	2005
Ⅳ-3　リング	鉄の輪　金	∮60×H42mm	2005
Ⅳ-4　リング	白水晶　金	∮30×H25mm	2005
Ⅳ-5　リング	ネフライト　金	∮60×H40mm	2005
Ⅳ-6　リング	ペブル（小石）金　ルビー　七宝	∮30×H22mm	2005
Ⅴ　小石の指輪			
Ⅴ-1　リング	ペブル（小石）金　銀　ダイヤモンド	左＝∮30×W17mm	2003
Ⅴ-2　リング	シンセチック・ピンク・クオーツ ペブル（小石）金	H22×W28mm	2003

●平松保城

タイトル／作品種目	素材	サイズ	制作年
Ⅰ　ジュエリーに行き着くまで			
Ⅰ-1　ネックレス	銀　18金		1965
Ⅱ　地金との対話			
Ⅱ-1　リング	18金		1970
Ⅱ-2　ブローチ	22金		1976
Ⅱ-3　ブローチ	上＝24金 下＝純銀	H155×W258×D8mm H150×W20×D10mm	2001 2001
Ⅱ-6　ブローチ	23金　金具＝18金 裏面＝七宝	○∮65mm ▽1辺65mm □55mm　D10mm	1977
Ⅱ-7　ブローチ	18金		1978
Ⅱ-8　ブローチ	18金	H10～12×W82×D5mm	1978
Ⅱ-9　ネックレス　リング	18金　パール		1978
Ⅱ-10　ブローチ	銀台　金箔　銀箔　プラチナ箔	上＝55mm 下＝H35×W115mm	
Ⅱ-11　ブローチ	左＝銀 右＝22金	H45×W45×D15mm H120×W120×D20mm	
Ⅲ　線との対話			
Ⅲ-1　左＝ネックレス 右＝ブレスレット	下部＝24金　上部＝20金 24金	H600×W140～40mm ∮80×W50mm	1972 1972
Ⅲ-2　ネックレス	24金	L650mm	1972
Ⅲ-3　ブローチ	上＝20金 中＝20金 下＝Pt900　24金	H20×W105mm H10～25×W120mm H20×W140mm	2004 2004 2004
Ⅲ-5　左＝ブレスレット 右＝リング	950銀 950銀	∮110×W70mm ∮35×W15mm	1990 1990
Ⅲ-6　ネックレス	18金	∮230mm	
Ⅳ　幾何形体と器			
Ⅳ-1　ブローチ	20金		1975
Ⅳ-2　ブローチ	20金		1975
Ⅳ-3　ネックレス	18金	□H315×W130mm ○H310×W150mm ▽H340×W180mm	1979
Ⅳ-4　リング	925銀	∮20×H20×D8.5mm～ ∮36×H40×D17mm	1980
Ⅳ-5　ブローチ	925銀　ロジウムメッキ	H38×W30×D12mm～	

			H142×W30×D25.5mm	1984
Ⅳ-6	ブローチ	銀	H110×W55mm	1999
Ⅳ-7	酒盃	純銀	∮74×H46mm	1993
Ⅳ-8	花器	銅に金メッキ	H210×W250×D145mm	1989
Ⅳ-9	王冠	アルミニウムに金箔	H170×W250×D270mm	1991
Ⅴ 安楽寺と住まい				
Ⅴ-5	オブジェ	鉄材	H1380×W1041mm	1989

■写真提供一覧

（→印は掲載写真番号）

対象作家	写真提供者（社）
Otto Künzli	Ingrid Amslinger →Ⅰ-2
Kazuhiro Ito	月刊「JEWEL」1987年10月号（レーヌ出版） →Ⅴ-1～3 「東京新聞」1989年10月15日号 →Ⅴ-12
Warwick Freeman	Patrick Reynolds →Ⅰ-1、6、7、9、11、13、15、17～20、22 Ⅱ-1～4、6、7、11～13、16、17　Ⅲ-2、3、7、16 Peter Peryer（プイプイフェーンの写真） →Ⅱ-18
Therese Hilbert	Otto Künzli →Ⅱ-9、10、17　Ⅲ-13、14以外のすべて
Dorothea Prühl	Helga Schulze-Brinkop（カタログ写真のすべて） →Ⅰ-1～10
Philip Sajet	Jan Otsen →Ⅰ-2 Ole Eshuis →Ⅰ-3A～3D、6～8 Aatjan Renders →Ⅰ-9 Beate Klockmann →Ⅱ-4～9　Ⅲ-1～4　Ⅳ-2～6　Ⅴ-1、2
Yasuki Hiramatsu	荒牧陽一郎（安楽寺展示会写真３点） →Ⅴ-1～3 高木康男、風間功（カタログ３社から） →Ⅰ-1　Ⅱ-1、2、7～9　Ⅲ-5　Ⅳ-1～3、9 平松保城

■取材協力・資料提供一覧

（《上巻》《下巻》共通・敬称略）

Otto Künzli
Kazuhiro Ito
Warwick Freeman
Therese Hilbert
Dorothea Prühl
Philip Sajet
Yasuki Hiramatsu
Bernhard Schobinger
Ted Noten
Daniel Kruger
Karl Fritsch
Carlier Makigawa
Felieke van der Leest
Jamie Bennett

Fondazione Lucio Fontana-Milano
吉田さち子（柏書店松原株式会社）
北村仁美（東京国立近代美術館）
藤井小百合（合資会社レーヌ出版）
飯高仁子（株式会社新装飾）
三起商行株式会社（ミキハウス）
いしかわまり
伊藤洋子
渡辺英俊
益子裕之
益子知里
黒沢秀二
米田雅司
藤田　謙
伊藤光紀

この本をつくるにあたっては、本当にお世話になったディレクターの菅沼さんが、こう言ってくれました。

「これは、水野さんの自叙伝ですね」。

この言葉は、１年間にわたって書き進むうちに、私の中に再確認されたことでした。書きあげてみると、作品の批評ではなく、私のジュエリー体験となったようですが、そういう内容の方が、はるかに多くの方々に読んでいただけると信じています。

ここにとりあげた作家だけが、ジュエリーアーティストの世界を代表しているというわけではありません。もちろん、ほかにもとりあげるべき作家もいますが、それらは次の機会にゆずることになってしまいました。

さて、この本をお読みになっていかがだったでしょうか。その感想を、Ｅメールアドレスhiko-j-art@jewelry.ac.jpにお聞かせ下さい。私が運営する学校でも、直接学生から私宛にメールが届くようになっていますが、とても教えられることが多いのです。

また、この本は冒頭の英文にも書いたように、亡き私の妻、千栄に捧げることにしました。この本の完成を見ることなく、亡くなってしまったからです。

ところでこの本は、ディレクターの菅沼完氏とアシスタントの友乃さん、私の秘書の三浦洋子、村岡麻衣子、橘谷真樹子の力がなかったら、完成を見ることは出来ませんでした。もちろん、他の多くの方々の協力で刊行できましたことは言うまでもありません。中でも、この本の出版を快諾して下さった美術出版社社長の大下健太郎氏、その他、ご支援下さいました方々に深く御礼申し上げます。

2007年４月
水野孝彦

■水野孝彦(みづの たかひこ)プロフィール

1939年、東京に生まれる
東京都立大学理学部物理学科卒
1966年、現校の前身、宝石彫金アトリエ創立
1980年代より、各国のジュエリー作家と親交を深める
現在、学校法人水野学園、専門学校ヒコ・みづのジュエリーカレッジ学校長
著書「彫金教室」「宝石教室」(創元社刊)
　　「宝石デザイン教室Ⅰ、Ⅱ、Ⅲ」全3巻共著(創元社刊)
　　「ジュエリー・バイブル」(美術出版社刊)

CONTEMPORARY《コンテンポラリー》
JEWELRY《ジュエリー》

世界のジュエリーアーティスト
《上巻》

発行日	2007年4月25日　初版発行
著者	水野孝彦
発行人	大下健太郎
編集・デザイン	菅沼完＋Tomono
協力	学校法人水野学園
	専門学校ヒコ・みづのジュエリーカレッジ
印刷	富士美術印刷株式会社
製本	鈴木製本株式会社
発行	株式会社美術出版社
	東京都千代田区神田神保町2-38　稲岡九段ビル8階　〒101-8417
	Tel. 03-3234-2151［営業］
	Fax.03-3234-9451
	振替00150-9-166700
	http://book.bijutsu.co.jp/

ISBN 978-4-568-14300-3　C3072